U0448414

人缘儿
——关系在成功中的作用

〔美〕乔·塔卡施 著

田恬 译

商务印书馆
2012·北京

Joe Takash

Results Through Relationships

Building Trust, Performance, and Profit Through People
Copyright © 2008 by Joe Takash.
Published by John Wiley & Sons, Inc., Hoboken, New Jersey.
All Rights Reserved. This translation published under license.

图书在版编目(CIP)数据

人缘儿——关系在成功中的作用/〔美〕塔卡施著；田恬译.—北京：商务印书馆，2012
ISBN 978-7-100-08630-1

Ⅰ.①人… Ⅱ.①塔…②田… Ⅲ.①人际关系学—通俗读物 Ⅳ.①C912.1-49

中国版本图书馆 CIP 数据核字(2011)第193422号

所有权利保留。
未经许可，不得以任何方式使用。

人缘儿
——关系在成功中的作用
〔美〕乔·塔卡施 著
田恬 译

商 务 印 书 馆 出 版
(北京王府井大街36号 邮政编码 100710)
商 务 印 书 馆 发 行
北京瑞古冠中印刷厂印刷
ISBN 978-7-100-08630-1

2012年9月第1版　　　开本 880×1230　1/32
2012年9月北京第1次印刷　印张 7¾
定价：20.00元

精彩评论抢先看

"如果你没有阅读这本书,这就好比把钱留在桌子上等别人拿走一样。乔·塔卡施深深地吸引住我们这些读者。他向我们证明了,人际关系并不是阻碍职业发展的绊脚石。相反,它是最关键的一个部分。《人缘儿》之所以取得突破性的成功,是因为它介绍了一些实用性的工具。这些工具为我们不断地取得成功,奠定了基础。而且,就算是在经济最不景气的时候,它也同样奏效。"

——托德·利利布里奇(Todd Lillibridge),利利布里奇医疗保健公司(Lillibridge Healthcare)董事长兼CEO

这本有用的指南简单易懂。它对那些想改善人际关系并提高职业技能的人来说,很有帮助。

——帕特里克·伦斯奥尼(Patrick Lencioni)

《纽约时报》(New York Times)畅销书《导致一个团队失败的五种原因》(The Five Dysfunctions of a Team)作者

"乔·塔卡施将商业上最重要的两个词结合在了一起:成果和关

系。如果您在寻求一种更快、更确定的方法以帮助您取得成功,那么您一定要好好阅读一下这本书。"

——杰弗里·吉托默(Jeffrey Gitomer),
《销售红宝书》(The Little Red Book of Selling)作者

"《人缘儿》向我们提供了与客户建立融洽和谐的人际关系的秘诀。如果'人际关系收益'存在的话,乔·塔卡施已经向我们指明了一条达到这个目的的道路。同时,这本书非常地引人入胜。它向我们一点点地展现了如何从我们每天都要遇到的人那里获得利润。与此同时,作者本人也与我们这些读者建立了良好的关系。"

——艾伦·韦斯(Alan Weiss)博士,《百万美元咨询》
(Million Dollar Consulting)作者

"乔·塔卡施在过去的十年里,已经为我们公司提供了激励性管理和领导力方面的好意见。书中所提供的观点以及训练方法非常引人入胜。他还就如何建立人际关系,提供了有实际价值的建议。我们需要这些信息来帮助自己取得成功。"

——彼得·达沃伦(Peter Davoren),特纳建筑公司
(Turner Construction Company)总裁兼CEO

"《人缘儿》向我们总结了人际关系的建立和发展会如何大大地影响到我们在商业上取得的成功。乔·塔卡施通过详细的阐述,用他的观点启发您进一步取得更好、更快的成果。对于那些想取得

进一步发展的领导来说,这本书是必读的。"

——汤姆·莱珀特(Tom Leppert),
达拉斯市(Dallas)市长

"乔·塔卡施为我们发明了一种很实用的科学方法。这个方法可以帮助我们通过与其他人进行互动来获取更好的成果。读者通过阅读这本'通过行动来证明式'的职业指导,可以从此不再在工作中为各种事情找借口。本书也为读者提供了有用的工具。它可以在最大程度内,更好地激励团队成员获得成功。"

——迈克尔·维奥特(Michael Viollt),
罗伯特·莫里斯学院(Robert Morris College)院长

此书献给我生命中最棒的听众：我的爸爸和妈妈、我的妻子萨拉（Sarah）——你是我最好的朋友兼灵魂伴侣、我们的小天使威利（Willy）和玛吉（Maggie）还有我们远在天堂的孩子奥尔西娅·格雷丝（Althea Grace）。谢谢你们的爱、幽默感以及对我毫不动摇的支持。你们就是我的全部。

目录

前言
鸣谢

引言：直达决定性因素

    对软技巧持强硬态度　004
    采取行动还是破产？　006
    通过行动获取结果　007
    提示：飞得越高，盲点就越大　008
    率直造就持续性发展　010
    人们的行为以及他们为什么顽固不化　011
    这本书将如何帮助您　013
    获利方法：帮助您取得应得的成果　016

1 做一名合作伙伴，而不是服从者

    视低人一等为理所当然　020
    理想的合作伙伴　024
    良好的开端　028
    礼貌自信　031

处于过渡时期的人际关系　032
　　面对现实：抵抗情绪究竟是来自对方，还是来自我们自己？　036
　　报偿比风险重要　038
　　影响：合作关系究竟意味着什么　042

2　大胆展示缺点
　　将错失的机会追回来　044
　　承认自己脆弱是需要勇气的　047
　　强有力的组合　052
　　窍门与技巧：如何大胆地展示缺点　055
　　缩短距离　062

3　提供诚实直接的反馈信息
　　关于反馈信息的要求　067
　　窍门与技巧：如何与有影响力的人坦诚相待　070
　　解决困难：当反馈部分不尽人意时该如何处理　076
　　好处：反馈信息如何影响人际关系　080
　　获得极大的成功　082

4　从有益的冲突中获得乐趣
　　友善地给出不同意见　088

但是如果……的话　092
　　　有益冲突的步骤　095
　　　你是否需要证人？　099
　　　直接处理疑难问题　101

5　养成感恩的习惯

　　　简单的道谢就可以了，书面道谢会起到更好的效果　107
　　　感谢规则　109
　　　表达方式　113
　　　讨好式的障碍　115
　　　我究竟该对什么表示感谢？　117
　　　为人际关系的维持注入信任感、忠诚度和善意　120

6　成为一名出色的倾听者

　　　一名糟糕的倾听者的四宗罪　125
　　　学着保持沉默以及其他奏效的倾听方式　130
　　　带着无私的态度倾听　134
　　　你在听吗？自我检查一下吧。　136
　　　共苦原则：为什么最好的听众是我们可以信赖的？　139

7 透彻地了解一个人

  仅了解自己老板孩子的名字
  以及他在打高尔夫时超过标准杆数的击球次数是不够的 145
  帮助你透彻了解一个人的问卷 146
  第一步：越界问题的询问技巧 152
  你准备好建立一种完善的人际关系了吗？ 154
  质量是关键，而不是数量 158

8 对自己实话实说（并向他人寻求帮助）

  自欺欺人的种种表现 164
  你不希望看到的结果 171
  如何开始对自己讲实话 173
  对自己说实话 183

9 更多地给予他人

给予是一种态度,也是一种行动　189
为什么我们在办公室里无法给予　192
做出重要贡献　195
你如何判断究竟应该贡献什么?　198
贡献式的话语与行为　201

10 从建立起的人际关系网中获得最大的收益

提醒自己与人合作的原因　210
一个靠人际关系驱动的世界　212
解决困难:如何维系良好的人际关系　215
不要对在商业来往中建立起来的人际关系设限　220
互惠原则:互惠的重要性　221
无论男女,单独一人要做很多事情;但是两人一起便可成就更多。　223

前言

假设你现在95岁。你刚刚为死亡做好准备。你还剩最后一口气。但是在你呼出最后一口气之前,有人送了你一个很棒的礼物——你可以回到过去,与当时阅读这段前言的那个"你"谈一次——这是一个能够帮到你的超能力。有了它,你就可以帮助当时阅读这篇前言的那个"你"——这个能力可以帮助你变得更专业化。更重要的是,它可以帮助你过上更好的生活。

95岁时候的"你"会给现在读这篇前言时候的"你"什么样的建议呢?

我之前有幸跟几个朋友谈到了这个问题。他们采访过一些老年人或一些不久于人世的人。他们问了这些人一个问题:"'现在的你'会给'年轻时候的你'什么样的建议呢?"

从他们搜集来的答案中,有三个主题反复地出现:

现在就做到每天开开心心的。

与他人建立人际关系。

追逐梦想。

这本实用的小册子讲的都是有关如何与人建立起人际关系方面的内容。

我认为《人缘儿——关系在成功中的作用》这个题目起得非常恰当。我认为如果你尽量按照书中建议的内容去做，你会改善人际关系并取得最终的结果——实现你的梦想。

你会成为一名更优秀的领导、一名更优秀的销售人员或是一名更出色的团队成员。你们公司的生产力也会大大增强。

我建议，所有这些都不能成为你运用本书中的材料去建立人际关系的首要原因。

你应该将功夫花在建立人际关系上。因为当你活到95岁的时候，你会为自己之前的努力感到自豪。如果你没有这么做，等你活到95岁的时候，你会对自己感到很失望。

从你一生中获得的所有反馈信息以及赞赏来看，最重要的是，你能从那个临死前"老年的你"那里得到肯定。如果那时的你认为自己以前的所作所为是正确的，那么你做了对的事。如果那时的你认为你在年轻的时候搞砸了一切，那你就是把一切都弄糟了。你不必去打动其他任何人。

如果你认为我说的不对，那你可以去问问任何一位已经退休的首席执行官（CEO）。我问过很多这样的人。你就问他们一个问题："请告诉我，你有什么值得自豪的事情吗？"

他们无一例外都会谈到自己帮助过的人——他们的人际关系网里的人——而不是他们的办公室有多么大，或者他们曾经赚了多少钱。

最终，人际关系才是最重要的。

好好运用本书中所谈到的所有技巧吧，因为这些技巧可以帮助你成为一个更好的人。

如果这理由还不够充分，那你就不必读这本书了。

如果你只是想利用别人达到自己的目的，那就别浪费自己的时间了。人生苦短。

请仔细阅读这本书，这里面谈到了很多很棒的想法。

做你认为对的事情，不必太过担心其他的事情。

与他人建立更好的人际关系，拥有更好的人生。

做一个"95岁的你"为之自豪的人。

如果乔的这本书中所写的内容帮助你拥有了更好的人生，记得给他发一封感谢信。

——马歇尔·戈德史密斯

《纽约时报》畅销书《今天不必以往：成功人士如何获得更大的成功》(*What Got You Here Won't Get You There*)作者

鸣谢

首先,我要感谢迈克尔·维奥特。感谢你的才华、对我的信任、你的优秀品质,以及你给予我的无数次个人和职业上的机会。你一直就是我的乔治·贝利(George Bailey)。你的谦逊和善良时刻鼓舞着我。罗伯特·莫里斯学院的成功源自天才式的巧妙结合,而你恰恰就是这座成功之船的带头人。你在很多人的生命中留下了记号,对此你应感到自豪。再次感谢你对我的关爱和帮助。

我要感谢布鲁斯·韦克斯勒(Bruce Wexler)把我介绍给约翰威利出版社(John Wiley & Sons)——没有你,就不会有我这本书的写作与出版。

感谢约翰威利出版社的团队成员们:香农·瓦戈(Shannon Vargo)、劳里·哈廷(Laurie Harting)、杰茜卡·兰根—佩克(Jessica Langan-Peck)、克里斯蒂娜·金(Christine Kim)以及凯特·林赛(Kate Lindsay)。你们是真正的专业人士,指引着我,支持着我。更重要的是你们在整个过程中对我表现出来的礼貌态度。

感谢我在胜利咨询公司(Victory Consulting)的同事们。他们中还包括知识分子型的卡尔文·伊文纳（Calvin Iwena）、学者型的马特·巴伦（Matt Baron）、老黄牛型的乔·泰伯斯（Joe Tabers）、烈性子并有创造力而且思维敏锐的妮科尔·纳什尔·安德鲁斯（Nicole Nashar Andrews）以及直觉力超强的蒂姆·霍伊尔（Tim Hoyle）——你无私地鼓励我发展自己的事业，你拥有一颗美好的心灵。

感谢我的客户们：特纳建筑公司（Turner Construction）、利利布里奇（Lillibridge）、巴吉特布兰兹公司（Budget Blinds）以及J.H.芬多夫公司（J. H. Findoff）。感谢你们跟我合作。我还要感谢我们的胜利咨询公司团队。你们是成功的企业，你们的员工是优秀的高素质人才，这一切都证明了成功是你们应得的。我需要感谢的人实在是太多了。我想跟你们说，我将永远对你们心怀感激。

我要感谢在我的演讲事业中，所有帮助过我的高中和大学的老师和同学们。你们给了我与你们一起工作的机会——你们为我的职业发展奠定了基础，并时刻提醒我，没有什么比真诚谦卑地与人建立起人际关系更重要的了。

我还要感谢通用汽车公司（General Motors）、美国运通公司（American Express）以及保诚集团（Prudential）——谢谢你们很早就邀请我演讲，并参与到企业大联盟的咨询服务中去。

感谢艾伦·韦斯（Alan Weiss）。你是一名了不起的业务顾问。你演讲的"商业方面"启发了我，允许我每月将你的观点引用到业务食物链的顶端。用你的话说就是"你这辈子最难的推销对象就是你自己"以及"令我吃惊的是，我两个星期前怎么那么地傻"。你在很多方面，都会有所作为。

我还要感谢在我婚礼中站在我身边的26名伴郎——无论我身在何处,我都始终爱你们。乔伊·C（Joey C.）,虽然你去了天堂,但我仍会永远怀念你每次给我的热情拥抱。

最后,我要感谢所有那些酷爱活到老学到老的人们,以及那些时刻提醒自己去珍惜自己所得的人们。我希望这本书中所谈到的观点和窍门,能够激励你们不断取得个人成就和事业上的成功。

乔·塔卡施
2007年5月16日

引言：直达决定性因素

人缘儿——关系在成功中的作用

这本书的目的只有一个：帮助你运用恰当的行为方式，通过工作中建立起来的人际关系，更快地取得更好的经营业绩。

不管你是自己开公司，还是在一家拥有广阔市场的电台担任销售经理，抑或是一家中型银行的初级职员，这些都不重要。广大成功人士的一大共性就是，他们都渴望自己能有更大的职业发展、取得更好的结果。

但是，我们不得不同意一点，如果你薪水的获得需要你去与他人进行交流与互动，毫无疑问，你得处理人际关系。这里没有什么灰色地带。这不难理解，因为没有人际关系，也就没有薪水。

我们与他人建立起来的人际关系以及如何管理发展这种人际关系，对我们生活中的方方面面来说，都是至关重要的。这不仅限于工作中建立起来的人际关系，它也包括友谊、男女关系以及我们与家人之间的关系。这些关系可以左右我们的事业发展方向；它们能决定我们能否取得成功；它们也能决定我们所感受到的满足感能达到何种程度；它们还能决定我们从他人那里能得到多少支持。当你在阅读这本书的时候，请思考一下你拥有的各种类型的人际关系。然后，请你从自己生活的方方面面中，筛选出一些重要的人际关系。这些关系使你感到极大的满足。因为它们的存在，你也为别人带来了同样的满足感。你可以将这些人际关系作为参照物，进行比较和对照。试着挑出最令你满意的以及那些让双方都能获益的关系。回顾一下这些关系所带来的各种好处。比如，以金钱形式出现的报酬、诚信、不带任何不良企图的交流、无条件的衷心以及那些创造性的想法等等。

在过去的20年间，我一直在研究人类行为。我发现人类行为具有一致性，我相信大家都会对此有同感。大部分人会有至少一种人际关系，它可以定义我们眼中的人际关系都是什么样子的。但是，很多

引言：直达决定性因素

情况下，我们会纠结于其他类型的人际关系，特别是在工作中建立起来的人际关系。如果我们想与自己接触过的几乎所有人取得突破性进展，并为双方带来最大的利润，这对最精明的人来说，都是个不小的挑战。即使我们可以跟老板和下属相处甚欢，我们还是会在办公室里建立其他的人际关系网。其中，有些关系可能不是积极的，或者不是那么的富有成效。你希望的结果可能会是从现有的客户那里得到更多的合作机会、被推荐给新客户、更多的责任、一个完全不同的职务或者一个可以赚更多钱的机会。

这本书向你提供了一些想法，你以前可能从来没有想到过。这本书还会向你介绍一些你可能已经听过的信息。但是，你以前可能从来没有运用过这些信息来与他人建立信任感、提高自己的工作能力并获利。

比如，如果你不仅能记住别人的名字，而且很善于记住别人的名字，这比仅仅掌握了"良好的交际本领"要好得多。这是个有形的工具。它能够帮助你取得经营业绩。我自己就有过类似经历。人们都喜欢听到别人叫他们的名字。这会让他们感到自己受到了别人的尊重和重视。当人们感到自己受到了重视时，他们很容易对你产生信任感。这样，你能更轻松地激励他们好好表现，这样你就能更容易地得到你想要的结果。但是，很多处于高层的聪明人却在这方面表现得笨手笨脚，进而失去了很多商机。

我在办研讨会时，可以通过问一个问题研究很多人：

"在记住他人的名字这方面，你有多擅长呢？
很棒？一般？还是很糟糕？"

人缘儿——关系在成功中的作用

超过95%的人都回答了"一般般"或者"很糟糕"。他们中有很多人是高层管理者,这些人领导着千军万马。他们中也有销售人员,这些人靠开拓更多的客户资源来提高收入。他们中还有新员工,这些人想给全体同事留下一个好印象。但是,无论他们是谁,这些人每天都会错过很多笔生意还有赚钱的机会。我管这个叫"生意大矛盾"。

在商场上,有很多事情是你直接控制不了的。比如,公司收购、公司并购以及股票市场的起伏跌落。但是,好好地记住他人的名字,却是建立人际关系的重要行为特点之一,这个是我们可以控制的。第七章将向我们阐述我们为什么记不住他人的名字。这一章还会告诉我们,牢牢记住他人的名字能如何增强我们的自信心,并改善我们与他人在工作中建立起来的人际关系。第七章还会谈到一些简单的方法。如果你能合理地运用这些方法,那你就能牢牢地记住他人的名字。同时,名字也仅仅是改善人际关系并取得很大成果的众多方法之一。

对软技巧持强硬态度

请恕我直言。如果你认为工作中的人际关系是软弱的或者是感情用事,那你根本不知道自己在说些什么。人际关系以及我们为此做出的各种努力,让我们看到了不同的世界。这让我们很快地得到决定性结果。人际关系可以是无方向性的、模糊的。但是,它在本书中却不是这样的。我们会忽略掉不重要的内容,然后直接谈论那些能够产生好的结果的内容。

领导力的不良演变

看到玛丽（Mary）在工作。

玛丽了解她的产品。

玛丽升职了。

玛丽管理一个团队。

玛丽在上大学的时候是个全优生。

玛丽工作很努力，但是她并不明智地工作。

玛丽并不善于诱导别人。

玛丽让人感到很害怕。

玛丽感到压力。

玛丽不会感谢他人的付出。

玛丽怪罪客户，并且大声呵斥自己的员工。

玛丽被辞退。

很不幸的是，很多人都像玛丽一样。他们在生活中有一颗金子般的心，但在工作中却有恰恰相反的表现。但是，没有人告诉玛丽如何去认可他人，或者如何向他人直接委婉地表述自己的反馈信息。像大部分人一样，她没有学习过如何倾听他人，或者如何以一种能达到正面效果的方式对待自己的同事。也没有人教过她如何能够与他人建立起信任感与忠心。没有人教她如何重新建立起人际关系，或者如何去鼓励他人，改善他们的工作表现。

我们不应该责备玛丽，因为从来没有人教过她如何运用一种恰当的语言来表达自己的意思。

人缘儿——关系在成功中的作用

为什么学校都不开"人际关系管理介绍"这门课呢?

在我做完主题演说后,如果每个50岁以上年纪的经理都过来找我,并跟我说:"如果当初有人教过我这些技巧的话,我现在早就会变得更富有了,我们的公司也会取得更多的成功"。如果他们每个人过来找我一次,我便可以得到10美分的话,那我现在早就能卖掉自己当年参加毕业舞会时穿的燕尾服,然后再买件新的了。

有一点很不合逻辑。那就是,我们在与社会上各个层次的人接触的时候,通常怀有不同目的,还打着自己的小算盘。然而,没有一本指导手册是教授如何建立人际关系以及我们应该如何与他人积极相处的。而这恰恰对于建立商务关系以及取得决定性结果来说,是至关重要的。

很多公司都会花大价钱购买并使用程序性的工具,比如会计系统软件、组织矩阵结构以及网络化的应用软件。当然,这些工具对于提高工作效率以及增强公司竞争力来说是必需的,我很赞成这种投资。但是,对于帮助人们掌握与人相处的技巧,告诉他们这些行为会如何影响到公司的业绩来说,这方面的投入还远远不如人们在购置应用程序上花的功夫多。

采取行动还是破产?

3年前,我曾经跟一家公司的管理者们谈过。当时,他们刚从西海岸参加完为期一周的"内部领导聚焦"活动。他们当时很是兴高采烈,因为那些咨询师们"准确地分析了他们的性格"。他们吹嘘自己之前经历的测试与评估有多么的全面。每个测试都暴露了他们内心潜在的动力,还有他们做出相应举动的原因。

我随即便问:"这很不错啊。那么您打算具体用哪些方法来改善人际关系与业务呢?"他们给我的答案是沉默不语。没有一位领导能够给我一个详细的行动计划用以改变结果、提高自己的工作水平。

我既是人格评估方面的最大支持者,又是它的最大怀疑论者。我喜欢 Disc 性格测试(Disc Personality Test)、特长沟通系统测试(Forte Communication Profile)、温斯洛评估测试(Winslow Assessment)以及迈耶斯·布里格斯性格测验(Meyers Briggs)。这些评估性测试均可帮助我们加强自我意识。它们也能帮我们了解他人。我的公司就运用这些方法来评估管理方面的发展。然而,如果没有一个很好的行动计划相辅助的话,这是不会产生任何良好效果的。我们投资的目的不正是为了获得更多的收益么?

这就好比我的妻子在我们新婚第一天跟我说:"亲爱的,我发现你从来不整理床铺。"我说:"哦。我以前从来没想过这么做。"在三年后的一次激烈争吵中,她说:"你知道么?我们结婚这么多年,你从来就没有整理过床铺!"我于是答道:"没有,但是我现在意识到了。"

通过行动获取结果

如果行为得不到改变,那么结果就不会向好的方向发展。

你会发现这句话在本书中多次出现。(记忆源于重复。)
如果你好好地运用这些方法,你就会更快、更好地提高经营业绩。我希望读者能理解本书的内容，仔细阅读书中的故事，并通过后面章节中列出的具体步骤加强自己的意识。你会发现这些方法其实是很宝贵的。

但是，我又是一名现实乐观主义者。人们会为了那么几首歌去买15张音乐CD（激光唱片）。他们会为某两个具体的电影情节，而将整个DVD（数字化视频光盘）买下来。他们还会为满足自己的目的买书看。如果你只是想利用本书中的操作工具来改变自己，你会发现这里有很多人跟你有同样的想法。采纳适合你自己的方法吧。

提示：飞得越高，盲点就越大

我研究书籍、调查问卷以及研究报告中的各种统计数据。我们公司从为客户提供的服务中，很幸运地研究出了一些有启迪作用的科学性数据——甚至是针对那些不是很正规但却有告知性的数据。比如，那些对服务不满意的客户中，有97%的人不会去投诉。每当出现一名不满意的客户时，就会有另外24个人接受同样不能令人满意的服务。甚至还有更糟糕的，这24名客户会去找20个人，诉说他们受到的服务有多么的令人不满意。这对你来说就是灾难性的，而且这会发生在你的内外部客户群体中。

当我对着很多听众做演讲还有组织小组讨论的时候，我会反复遇到一个问题，那就是人们的职位越高，他们收到的有关无效人际关系的反馈信息就会越不真实。这样一来，他们的行为就会对经营业绩产生更深远的影响。这种事情甚至会发生在那些所谓"天生具有领导才能的人"以及那些很有商业头脑的聪明人身上。

而事实是，每个人都有盲点。

引言：直达决定性因素

几年前，我给汤姆（Tom）做培训。他是业内一家领头羊公司的高级主管。汤姆在这家公司干了有40多年了。他比其他4,000名员工更了解这家公司，他的专业知识无人能及。他的想法和所掌握的信息可以帮助所有人做好自己的工作，上自公司高级经理，下到公司新人。

然而，没有几个人好好运用汤姆所掌握的知识，他们都抱怨说汤姆是个冷酷粗鲁的人。就是因为这些原因，我被叫来给汤姆做培训。在我们第一次见面中，连我都感受到了汤姆的粗暴态度、防御性的语调以及他的唐突无理。我问他为什么大家都不来找他寻求帮助。这时候，他表现出了很强的防守性。他几乎没有笑过，还总是打断我的话。

我将我们的第一次谈话录了下来。在当天晚些时候，我将录像播放给汤姆看。录像还没播放几分钟，我就发现汤姆对此有了反应。汤姆作为一个很强势的人，从来不外露自己的情感。但是，当他看完录像后，他看上去就像是刚刚看完了一部恐怖片一样。

"你现在感觉如何？"我在录像放完以后问他。

他沉默了足足一分钟后，终于开口了："42年了，这个人（他指指自己）不是那样的啊（他指了指电视屏幕上的自己）。为什么我没有早点儿发现自己在工作中还存在这个问题呢？"

随着我们交谈的进行，汤姆逐渐明白了问题的所在。那就是，他跟别人建立起人际关系的目的很单纯，就是为了工作而工作；他的倾听技巧非常地糟糕；他不愿意承认错误，也不愿意表露出自己脆弱的一面。这些都让人们对他望而却步。对汤姆来说，有一点更为重要，他的个人发展与职业前景已经不必要地受到了他那糟糕的

人缘儿——关系在成功中的作用

交际技巧的阻碍了。他在公司中表现得很好，但是如果他能够努力地建立可以互惠互利的人际关系，他在公司中可以做得更好。在大家的眼里，汤姆不是智慧与知识的源泉；他也不是一名能起到重要作用的好领导；相反，他是一个傲慢自大、令人害怕的人。而这恰恰不是他希望看到的。

在我这里，并不是每个客户最终都能有个圆满的结局，但是汤姆却是这样的。他想变得更好（这是本书的一个重要组成部分）。所幸，他已经开始学着运用我教他的人际关系技巧鼓励他人向他寻求帮助了。别着急，我马上就会教你这些人际关系技巧。

尽管汤姆已经到了性格定型的年龄，他还是能够改变自己、做到好好与人相处的。这不仅让他的下属从他那里获得很多宝贵的知识，也帮助了他自己成为公司中重要的一员。

"我可以很自信地说，本书中的故事、经验教训以及各种技巧，将帮助你意识到自己与其他商业人士的关系。本书为你提供了一些方法，用以改善这些关系。大部分人其实都没有意识到他们对其他人的影响究竟有多大。"

率直造就持续性发展

本书中的每一个章节都讲了一个重要的人际关系原则：向他人提供诚实直接的反馈信息、认真倾听他人的话语、好好了解这个人等等。每个章节内都会有一些练习题、检查表以及其他的工具，它们帮助你实际运用本章中教授的技巧与原则。你还会在本书中看到，我自己作为咨询师总结的一些经验教训，以及我培训过的一些人的例子。他们都慢慢掌握了建立起良好人际关系网的方法。书中的故事是我们学习建立人际关系的重要方法，这些生动易懂的故事产生的效果是那些表面化的解释无论如何也达不到的。

人们的行为以及他们为什么顽固不化

我作为一名职业演讲者、咨询师与培训师，已经花了20多年的时间跟我的客户们一起解决各种各样的问题。这些问题总结起来，就如本小节的标题所述。无论人们找我处理存在问题的团队，让我培训一名很有天分但毛病多多的领导，让我帮忙提高利润，还是帮忙提高生产力并鼓励士气，这都不重要。因为，无论你做什么，它都会涉及人际关系问题。当然这其中也会涉及其他方面的问题。但是，人际关系这个问题总会对一个企业遇到的各种问题起到很大的作用。同样，它也会涉及如何解决问题。

我曾经跟各种人打过交道，大到公司CEO，小到新人。我也跟各种类型的公司打过交道。它们中有类似通用汽车公司、保诚集团、美国运通公司以及特纳建筑公司这样的大型企业，也有各种小企业。我可以向你保证一点，无论你现在的头衔是什么，或你现在在哪里任职，这些都不重要。我经常能看到一些很有天分的人需要依靠改善他们与他人的关系，来提高工作效率并取得成功。但是他们都不愿意改变自己。

为此，我开创了一种方法，它帮助你通过改善人际关系来提高业绩。因为我需要通过一种方法帮助人们改变自己，我可以通过这个方

人缘儿——关系在成功中的作用

法教他们如何建立一种良好的人际关系网，这有助于他们获取更大的成功。我不断地改善这个方法，并总结出了一些实际的用法和工具，你们将会在本书中读到这些内容。我还会进一步阐述那些独特的方法。比如，如何通过别人的反馈信息建立更强的人际关系网。培训师们之所以会讲到筋疲力尽，是因为他们要说服自己的学员改正不好的做法。但是，一旦学员们开始持续从别人那里收到坦诚的反馈信息，这会鼓励他们换一种方式做事情。我之前谈到的那个例子就是这样的。汤姆在之前的42年里都没能建立起任何人际关系网。只有在他看过那个录像，"证据"都摆在他眼前了，他才意识到自己需要改变。

我会在本书中详细阐述征求和运用反馈信息的艺术。如果你想将它对人际关系的影响最大化，你需要知道如何向他人征询反馈信息；你还需要知道向什么样的人征求反馈信息，以及如何加工处理你所获取的信息。

在你获取了最好的反馈信息以后，如果你做出防御性的反应，并否认信息的内容，那么即使信息的内容再好，它都会变得毫无价值。同理，如果别人无法坦诚地对待你，那么你从他们那里获取的信息甚至会起到反作用。一旦你从对的人那里获取了对的信息，而且你也愿意接受你获取的任何信息，你便可以通过有效的方法，好好地运用获得的信息。这么做可以帮助你在与人相处的时候，做出细微但是却很重要的改变。同时，这么做也可以帮助你与为你提供反馈信息的人，建立起特殊的关系。

我曾经亲眼目睹过牢固的工作关系是多么地重要。这种关系可以把人们团结起来，从而在人与人之间建立起信任感，改善工作表现，并增加利润。当人们慢慢开始学会彼此坦诚相见的时候，即当他们慢慢地不再害怕自己的脆弱时，信任感在彼此间自然而然地就产生了，他们的工作效率也就提高了，因为他们不再隐瞒自己的想法或评论性的意见了。他们再也不用害怕提供前沿性或有争议的想法了；他们也不用再害怕告诉别人他/她在做无用功。通常都是这种人际关系在影响着决定性的因素，因为人们一般都会关注整个团队或者全公司的奋斗目标。他们不会将目光停留在动机、个性冲突以及其他那些会影响到企业实现其奋斗目标的因素上。

我要跟大家分享一下我就建立人际关系方面所进行的培训，以及咨询工作方面的经验。我将向你们提供一些注意事项，这些信息会更方便你们建立起并维系良好的人际关系。

这本书将如何帮助您

从高级经理到CEO

这本指导册子侧重结果，也可以帮助那些处于领导地位的人们。很多情况下，管理人员、董事长以及CEO们在对待员工的时候，都带着一种指挥和控制的态度。他们的自我意识和手中的权力使得他们总是指挥别人应该去做什么。他们不会去倾听别人到底需要什么。比如，虽然他们中的许多人都声称自己确实倾听别人说话，但是他们丝毫不去考虑自己从下属那里得到的实际数据是怎么样的。

只有当领导们依照知识交流、口头上的支持、倾听、共同责任这些方面，建立起平等的人际关系时，他们才会起到更大的作用。尽管对大家来说，拥有最终权力这个愿望往往会造成一定程度上的不公

人缘儿——关系在成功中的作用

平,人际关系还是会得到发展的。但是,这种情况要求在建立起来的人际关系中不能存在等级制度。

我在本书中列举了一些例子和建议。它们对那些处于权力地位的人和那些进行向下管理的人来说,具有参考价值。然而,建立并维持更具有挑战性的人际关系,往往会涉及那些需要向上管理的人们。因此,我的大部分观点都针对这种类型的人际关系。

从职场新人到中层管理者

你们中的大部分人都享受过胜利的果实,但是你们往往还想得到更多。然而,你很有可能在人际关系和职业发展机会方面受到过挫折。你知道自己其实是很有本事的,能够做得比现在要好。但是,总有一些事情在拖你的后腿。你总觉得,如果你与那些有影响力的人们建立起更好的关系,即使只跟一个人、一位领导、一名客户或者一名高管建立关系,那么你的职业生涯都可能会开花结果。

你讲的道理都没错,即使你想象中的人际关系可能并不是对的。只巴结当权者,是不会让你取得成功的。至少从长远角度和取得职业成就的几率来看,是这样的。你可以玩弄权术,帮助有权力的人。这样做,你也许会获得短期的收益。但是,如果你们之间不存在互惠互利和最基本的信任感,那你与那些有权势的人建立起来的人际关系也维系不了多久。

你需要的是深入、长期、相互式的关系。一旦你建立起了这种人际关系,它会对你的工作表现和职业发展产生极大的作用。多发展一些这样的人际关系吧,因为它们会发挥很大的作用。这也就是本书的目的所在。

引言：直达决定性因素

我的很多建议都是关于如何跟老板、顾客、客户以及其他有影响力的人建立人际关系的。你会读到很多重要的意见和一些很实用的方法，它们对你的职业发展能有很大的帮助。

销售人员、企业家以及企业主

假如你作为一名销售业务上的客户代表，或者作为一名必须依靠他人取得成果的企业家，试图推广自己公司的业务，那么本书后面这些章节中谈到的建议对你来说会十分有用。我会介绍一些共同特性，依靠这些共同特性，你可以而且应该努力与你的顾客、客户建立起开放式的脆弱型人际关系。这种人际关系应该与你跟公司内部人员建立起的人际关系，是同一种类型。

如果你很好地运用了这些方法，那你最终就能与他人在彼此间建立起信任感。你也可以改善自己的工作表现，获得更多的利润。这些都是你通过人际关系获得的。这比你按现在的方式获得同样的成果要更好更快，而这些都与你现在有多成功毫无关系。

也有可能，你是一名销售人员，你对自己的产品与市场了如指掌，你也勤奋认真地工作。但是，你还是需要通过建立起更深层次的信任感，来跟你的客户进行沟通。只有这样，你才能取得更大的成功。

就算你是一名出色的管理者，你可以依靠自己强大的影响力管理好自己的下属，你对自己管理好CEO级别的人这件事，是否缺乏自信？或者，你对能否为他们提供诚实的反馈意见，感到不自信？也许，你是一名充满干劲的小企业主，但是你需要让你的客户群变多样化，为的就是保持一种更加平衡的商业模式。

人缘儿——关系在成功中的作用

如果你坚持认为人比业务流程更重要，或这两者同样重要，那么这本书很适合你。

获利方法：帮助您取得应得的成果

建立良好的业务关系是一个不断尝试与犯错的过程。要经历这个过程，你需要有勇气、恒心与毅力。换句话说，你应该经常练习本书中教授的各种建立和维系人际关系的方法，练习得越多越好。如果你想在七分钟内跑完一英里的话，仅靠跑步机锻炼一次是不够的，熟能生巧。只有这样，你才能建立起能开花结果的人际关系。更具体地说，有三条建议能够帮助你取得最好的结果：

1. **获取知识，而不是信息。** 建立良好的人际关系并不是依靠一次性大量地获取信息。我们的大脑无法记住它吸收不了的内容。它工作的方式是日积月累。这两者的区别是什么？信息就是具体的个体内容。它并不会给你提供事情的来龙去脉。知识源于发现具体的个体信息，这些信息的来龙去脉，以及如何通过这些信息获取更好的结果。这样，你才会从自己的投资中获得更多的收益。这种主动的方式才是你制胜的法宝。这本册子是一本商业用书。它的目的在于帮助你获得经营效益。我强烈建议你系统地照着本书中讲述的内容去做。你可以边学习边划重点，然后做笔记。如果你能够运用本书中的精华，然后通过这些内容实现你的目标，那么你就获得了知识。最终结果的获得，便源于此。

2. **谈论法。** 你很快就会发现，反馈信息以及你与别人的交谈恰恰就是你通往成功之路的桥梁。你还会发现，这个方法会在本书中的各个章节中都有出现。我会在书中向你推荐若干种不同类型的谈话方式，你可以运用这些谈话方式与不同的商务人士进行交流沟通，你也可以跟自己的朋友和家人谈谈本书中论述的各种理念。他们比别人更了解你，他们也许会帮助你发现你在与人交往时的长处，以及需要改进的地方。与他人交流一下如何建立坚固的人际关系网吧，这么做也会激励并帮助你关注自己需要做哪些努力来实现目标。

3．记忆的重要性。如果我要你举起左手，或者背诵出你的社会保险号码，你会不假思索地照办。这是为什么？因为这是不断重复的结果。练习、测试、识别错误以及不断的尝试，是唯一能够让你记住这些技巧的方法。你会在本书中看到一些练习，例如简单的检查表、一些行动步骤等。好好利用这些练习，你会通过实践操作看到随之产生的好结果。例如，你可以在"向上管理"这一部分中，练习一种人际关系工具，然后看看这样做会产生什么样的结果。通过这个练习，你可以为自己树立起自信心。一旦你提高了自信，你会随之提高自己的创造力和做事情的主动性。做事主动的人会表现得更好，表现好的人会获得更好的结果。当你将这些步骤变成习惯性行为时，你会发现不同的人际关系会产生不同的结果。

最后，本书主要帮助你改变自己的做法，而不是改变你的价值观念。正像之前所述，每个人都有自己独特的业务目标。每个人看问题的角度也不一样。我曾经与最愿意合作的客户相处过，也面对过最难对付的人。他们都有共同的愿望，那就是：

- ◆ 受人尊敬
- ◆ 得到欣赏
- ◆ 参与
- ◆ 运用自己的聪明才智迎接挑战
- ◆ 贡献重于自己的东西

人缘儿——关系在成功中的作用

　　本书各章节中所探讨的人际关系模式包含了这五个通用需求。由此,这种模式会自然而然地吸引住你和那些与你建立人际关系的人。让我们记住这点,开始学习人际关系的真正含义吧。

做一名合作伙伴，
而不是服从者

人缘儿——关系在成功中的作用

本书中教授的内容，可以帮助你彻底改变关于人际关系和职业等级的看法。

大多数人在工作中习惯于服从命令，这些命令大多来自于老板或者客户。这些可能并不是军事命令——你的客户可能会非常礼貌地要你缩短交货时间——但是你却必须遵守它们。不管你是一名资历较低的职员还是高层领导，事情往往就是这样。

接下来我要谈论的就是如何解放你的思想：假设你与你的领导关系是平等的，就算你的领导是世界500强公司的首席执行官（CEO），你在这段关系中不用感觉自己低人一等。

我在这么多年的培训当中，目睹了很多身份不等的人合作创造价值的事情。在那些高科技公司，企业家和技术高手就像朋友一样相处得很好。在一些比较传统的企业中，高管和刚来公司的工商管理学硕士（MBA）应届生在团队中并肩作战，没有人随意摆架子。我也曾目睹很多客户，他们在与供应商做生意时，能够做到尊重他人、宽宏大量，并能站在对方的角度考虑问题。

但是，除非这是企业文化中的一部分，否则你通常不容易建立起这种人际关系，事实也确实如此。但是你要会把握机会，做出努力，使之能够得以实现。具体该怎么做呢？第一步就是先要明白，为什么你认为自己就应该听令于他人。

视低人一等为理所当然

你是不是就这样接受了你的工作关系，就算你对现状其实不是很满意？大概是这样的。其实，大部分人都是这样。你应该再重新审视一下这些关系，特别是那些带有不平等现象的关系。大多数情况下，这些不平等现象来源于你自己的态度与表现，也有来自于公司组织构成和企业文化的原因。

不要被公司传统的等级制度吓倒。它们虽然或多或少地存在，但它们已经过时了或者会起反作用。社会等级肯定是会存在的，但是这种等级也在逐步发生变化。在全世界各地的企业中，职务和年龄正在慢慢地被能力和影响力所取代。如果你很有能力并且很有影响力，你所做出的贡献会得到大家的认可和赏识。因此，你仅仅因为自己工作年限不够长，或者薪水没有别人多，就觉得自己技不如人是很不对的。

就算你是一名高管，惧怕公司资深CEO，或者是想尽可能地做出贡献因为觉得自己与他人是平等的。这两者之间还是有细微差别的。这个细微的差别，往往就会在你的职业生涯中起到重大作用（但是你随后会看到这其实都源于你自己的脑袋）。

这是不是说起来容易做起来难？确实如此，但是如果你知道了人们成为服从者的原因，你就可以避免同样的事情发生在自己身上。如果你意识到了这个陷阱，你可以更容易地躲开它们。

下面的四种状态，通常会导致人们接受不平等的关系：

1. 等级分离
2. 不平等待遇
3. 倾听不平衡
4. 自我价值的侵蚀

等级分离

在大部分公司中存在的很多因素，都能产生不平等现象。这种不

人缘儿——关系在成功中的作用

平等因素，会通过职务名称得到加剧。这些不同的职务名称将人们分成两类：老板/下属、上级/下级、客户/供应商、执行副总裁/行政助理。经验又是另一个因素——年长的人一般会受到尊敬，特别是工龄很长的年长者。教育也是一个因素——人们通常会觉得，那些毕业于顶尖 MBA 项目的人，比州立学校毕业的人要好。在一些公司中，一些职务或者团队，要比其他人有威望。公司中还会有一些人，享有一些特权。大家会把这类人归为上层阶级——拥有大办公室、慷慨的开支账目、跟大老板喝咖啡等等。

不平等待遇

人们一般都会按照老板或者客户对待他们的方式，来定义自己的角色位置。一个典型例子就是那些新聘用的律师。约翰（John）受雇于一家非常有声望的律师事务所，职务是初级助理。上班的第一天，约翰按照约定好的时间——早上 7：30——就来了。他的老板马克（Mark）8：30 才到。马克看到了坐在他办公室外面等候区的约翰，便问候他："约翰，我这儿有很多活儿要交给你做。跟我来。"

他们之间的这次交流仅持续了几秒钟，但马克与约翰之间的关系，却受到了深远影响：

◆ **语调与语速**：马克的措辞与语调，说明了他公事公办。这令约翰觉得自己就像一个随时待命的仆人一样，双方间的交流冷淡快速。这向约翰表明了他的任务就是完全服从命令。

◆ **不礼貌的举止**：马克并没有为自己迟到而道歉，他也没有欢迎约翰来到新公司。马克的粗鲁举止显然向约翰传达了一点,即他在公司地位极低,他甚至不配得到应有的尊重。

◆ 命令:马克通过自己的措辞,显示了自己的权势,将自己凌驾于他人之上。与其这样,他还不如这样问候约翰:"嗨,你是我的下属,跟我到我的办公室来。我这办公室可是全事务所最大的了。"

倾听不平衡

在人际关系中,如果一个人一味地发号施令,另外一个人单纯地听令的话,不平等的关系就产生了。你可以通过审视你自己建立的各种人际关系,来验证这个观点。我敢打赌在每个人际关系中,如果你是主要的倾听者,那你一定就是主要的听命者。其实,就像我们与好朋友一样,通常都是相互最好的倾听者,最佳的人际关系的一大特点就是双向倾听。

自我价值的侵蚀

如果你每次与人交流,都像马克与约翰之间那样的话(语调与语速、不礼貌的举止、命令),你会开始质疑你的价值,并会感到自卑。如果有人告诉你说:你是下属,如果老板或者客户很粗鲁地对待你,这个人甚至根本不会去倾听你所说的话,你会开始怀疑你是否值得别人平等对待。如果你认为你自己就配拥有这样的角色的话,你很容易就会陷入劣势状态。请记住咨询师艾伦·韦斯(Alan Weiss)的话:"你这辈子不得不做的最难的销售就是推销你自己。"

我将要教你如何推销自己。这事情值得一做。不然的话,你总是

人缘儿——关系在成功中的作用

会陷入毫无任何进展的人际关系。请记住这点。让我们看看好的人际关系的各种特点吧。

理想的合作伙伴

在讲述真正的合作关系是什么样子之前,我要强调一点:你不必像个仆人一样总是唯唯诺诺,也不用像一个配角或者应声虫那样。就算你的上司或者领导就是这样对待你的,你也可以改变这样的关系。我明白你可能会对此持怀疑态度。我在上大学时的一名心理学老师曾经说过:"我将人生比作一架梯子。站在这个梯子上,我们都倾向于去亲吻站在我们上一级台阶上的人的脚后跟,去踢站在我们后头的那个人的头。"

我在这么多年的工作生活中,领悟到了你要对你做的事情所产生的后果负责这个道理。下面我来详细地阐述这点。

你要对你做的事情所产生的后果负责。

如果你表现出很温顺和善的样子,别人就会这样对待你。虽然有一部分老板是极端自我的蠢人,但大部分老板不是这样的。实际上,我知道很多老板很有权力,但是他们从不滥用手中的权力欺负别人。我们得明白一点,大部分跟我们一起工作的客户和老板们都是体面人;你只需要给他们一次机会,让他们平等对待你就好。如果你这样做了,他们会坚持倾听你说话,并跟你谈论事情,他们会做到向你征求意见,而不是告诉你他们的想法;他们会做到向你寻求反馈意见,而不是告诉你他们的看法。

做一名合作伙伴，而不是服从者

单纯地建立起人际关系，并不意味着这种关系会自动地发展下去。你首先应该做到乐意去倾听他人说话、信任他人、尊重他人。我尝试过遵循这个原则（当然不是次次都成功）。几年前，蒂姆·霍伊尔（Tim Hoyle）是我所在的胜利咨询公司的一名分包商。他跟我谈论起了我对公司的看法。他说："乔，我对一件事情很好奇。你事业成功，但是有时候，我觉得你这样做，是因为你觉得这样会让你觉得有安全感。你确实对你现在所做的事情感到开心吗？"

蒂姆是一名出色的高级管理培训师，他对人类行为有着自己独到的看法。他的这个问题，简直问到了我的心坎里。我想我当时第一个反应就是为自己辩护。我其实完全可以说："嘿，你这个问题问得有些过分了。"但是我认真地想了想蒂姆的话。我想着，想着，就意识到我已经陷入了自己得心应手的领域。最终，蒂姆问的这个很难回答的、具有潜在威胁的问题，帮助我将我的公司引到了一条有策略的、对个人来说获利很大的道路上。

我在与蒂姆建立人际关系的最开始便告知他，我希望他能够始终对我说实话。对我来说唯一不好的结果会是，他是否会拒绝这样做并粉饰他的看法。在我职业生涯的早期，我不是很确定我能否可以很好地处理他的坦诚。最终，我成功地做到了在公平的竞争环境中跟每个人平等相处。蒂姆与我是工作关系，不是从法律角度讲，而是作为公司同事以及普通人。

下面是合作伙伴关系的三大关键特点：

1. 尊重差异：假设你的客户现在是一名企业家，他从来没有拿过大学文凭，而你是一名哈佛大学（Harvard University）毕业的 MBA（或者相反）。你尊重你的客户，因为他自己辛辛苦苦白手起家；他也

025

尊重你，因为你很聪明，而且毕业于一所常春藤盟校（Ivy League）。你们之间的差异，也许会成为创意性活力，但却不会产生消极的冲突。你们可能会互相开对方玩笑，但是开玩笑的背后是尊重。此外，你比这位老板以及来自同样背景的他的下属有优势。你与你的客户可以从不同的角度考虑问题，而不是从单一角度想问题。

2. *容忍错误*：人无完人，我们每个人都会犯错误。在成功的人际关系中，你不会因为对方缺少某个领域的相关知识或者技巧而责备对方。你可能不喜欢这点，但你能够接受得了。理论上讲，对方的其他优势，或者你的优势，可以弥补他/她所不具备的优势。你对他人的容忍能力，可以鼓励最有抱负的老板来容忍你的不足。如果你可以完全接受他人，那么所有的敌意都将不复存在。这么做的好处是，你也给了你的老板或客户一个可以完全接受你的理由。更重要的是，对别人的包容也可以防止你隐藏你的缺点。我们都有这样的经历，就是你自己或者你认识的人试图假装一些事情，这样做的原因就是害怕说："我不知道。"你试图采用虚张声势的方法解决问题，而不是向别人寻求帮助。当有人揭穿你的骗局的时候，你就有麻烦了。在别人眼中，你会是个不诚实的人。在合作伙伴关系中，宽容能够消除虚张声势。你的坦白也会带来别人对你最基本的信任感。

3. *诚实而有策略的反馈*：如果你曾经有这样的老板，他因为你出错而严厉谴责了你，你可能会认为没有哪个老板会给出善意的、有建设性的意见。在合作伙伴关系中，伤害别人是让人无法接受的。你可以通过持续不断地坦诚地交流想法，来抵制这种做法。直截了当的交流，外加友好的行为，和为别人着想，才能产生好的结果。如果你

做一名合作伙伴，而不是服从者

的老板或者客户不如实地将你的表现告诉你的话，你该如何学习成长呢？如果这些人虽然告诉你事情，但却态度粗鲁进而伤害到了你，你该如何学习成长呢？我曾经有过的，或者经过我的培训建立起来的那些有成效的、能够产生好的结果的人际关系，都伴随着持续、坦诚、关爱的交流方式。这些人际关系使得我十分乐意贡献出自己的想法，而并不仅是贯彻落实别人的想法。这些公开交流的意见和想法便是创新的源泉。当我们知道自己们的合作伙伴是从真正关心我们的角度提供反馈信息的时候，我们可以持续学习发展下去。

> 我曾经有过的，或者经过我的培训建立起来的那些有成效的、能够产生好的结果的人际关系，都伴随着持续、坦诚、关爱的交流方式。

虽然这三大特点对建立理想的合作伙伴关系来说至关重要，但我要补充说明的是，期待这种理想的关系能够每时每刻存在于人际关系中，是不现实的。首先，我们都是人。就算处在良好的人际关系中的双方，都努力尊重双方的差异，容忍缺点，并能提供诚实而有策略的反馈信息，他们也不可能每时每刻都这样做。我现在就举个日常生活中的例子来证明这个观点。

最近，我和家人去一家西饼屋吃早餐。当女服务员将早餐端上来的时候，我们点的薄饼黏糊糊的，而且还有些散落。我和我妻子都很生气。他们的招牌菜薄饼做得如此糟糕，居然好意思说自己是西饼屋？当我走向柜台，准备买单的时候，我像平常一样准备投诉——我觉得可能他们换厨师了，或者他们的设备坏了，我应该让他们意识到这点。经理当时就站在柜台后面。我刚打算投诉，他就冲我真诚地

人缘儿——关系在成功中的作用

笑了。他的眼睛亮了一下，并用带有浓重的希腊口音的英语对我说："我的朋友，今天，你对我们的服务还满意吧？"

"还……行。"

有时候，你需要缓和自己要说的话。在有些情况下，你可能并不想伤害他人的感情。在其他情况下，你可能实在是害怕说出你的看法。这种事情会发生在良好的人际关系中，也会发生在上述这种不愉快的经历下。我讲这个薄饼故事的目的，就是告诉大家，不要对伴随着人际关系所产生的事情抱不实际的奢望。很多时候，你或者你的合作伙伴，可能不会在你们这段人际关系中做得十分出色。不要期待你自己或者他人会做到完美无瑕。你自己首先应该做到在大部分情况下能够坦诚地对待别人。如果你在大多数情况下都能坦诚地对待你自己和他人，你便可以在特殊情况下管住你的嘴，这样你就不会将这段人际关系推向接受命令的方式上去。

良好的开端

无论你需要从接受命令式的人际关系过渡到合作伙伴关系，还是需要从一开始就建立起平等的关系，我想向你肯定一件事：这个策略行得通。我自己就运用过这种方法，也帮助过我的客户好好利用了这种方法。它很管用，因为它不仅改变了你经营这段关系的方式，也改变了你对这段关系的看法。正像你将要看见的那样，你的态度和行为都需要改变，以便于建立合作伙伴式的人际关系。

当你在跟老板或者客户建立起人际关系的时候，你可以利用如下的这些问题：

做一名合作伙伴，而不是服从者

当建立合作伙伴式的人际关系时，有如下问题：

◆ 我应该就跟你合作方面了解哪些事情呢？

◆ 你的领导风格／工作风格是什么样的？

◆ 你想多久跟我见一次面呢？

◆ 你喜欢什么样的交流方式——电子邮件、手机还是办公室会晤？

◆ 你觉得在你眼中最理想的合作伙伴应具备哪些素质？

也许，你担心自己问这些问题会冒犯他人；也许，他们会认为你很冒昧，进而对你有看法。如果是这样的话，那么我要向你透露一个小秘密：别人也想向你提出同样的问题。你的老板想知道与你的最佳沟通方式是什么样的、如何去激励你好好工作，因为了解这些内容会让他成为一名更好的领导。你的客户会很想知道与你每周至少见面一次是很重要的，这会使他感到自己受到了高水平的服务，会为他带来额外的业务机会。

因此，这是很公平的交易。同样重要的是，如果你不问这些问题，你实际上就是在说："我不希望自己被平等对待。我没有那么重要，不配得到这些问题的答案。"或者，你可能会觉得："这看上去很危险。为什么别人不问这些问题？"因为大部分人没有意识到一点：当涉及业务的时候，他们不能失败，因为人生苦短。这就是这本书的重要所在，它帮助你为胜利而战。

如果你养成问问题的习惯，就坚定地阐明了你的身份，你在向每一名跟你合作的人表明："我很自信，能够问这些问题。"别让恐惧或者怀疑妨碍你做出努力。一旦你尝试提这些问题，反复问，并形成习

人缘儿——关系在成功中的作用

惯,你会得到你想要的答案。

这些问题的答案也可以帮助你准确定义你与他人的关系。如果你很早便定义了这段关系的参数,就不会对发号施令感到意外。当客户在回答你关于工作方式的问题时透露说,他每天24小时、每周7天都需要你的服务,你可以向他解释说你还有家庭责任:你要在周六上午跟儿子打网球;你和你的配偶每周六晚上会出去吃饭;那么,这段时间就不合适工作。当你在面对一名潜在的合作伙伴,而他又以上级的行为方式对待你的时候,保持积极的交流方式是很重要的。与其接受他们的命令,不如向他们提供一个你们双方都能接受的方式。从一开始,你就要确保你们双方都知道,什么人际关系是你们都能接受的,什么是不能接受的。

提问题以及提供相应备选答案,意味着你在工作中需要一种令人舒服的人际关系。提出以下这些问题,同样能很好地表明你的立场,例如:

建立人际关系时需要表明的观点:

- ◆ 以下是你需要了解的关于我的信息……
- ◆ 我的工作风格是……
- ◆ 我希望咱们能够至少每两周见一次面,因为……
- ◆ 当我们遇到挑战的时候,让我们见见面——将具体事情、数据、日期留在电子邮件和电话中处理。
- ◆ 我眼中最理想的合作伙伴是……样的人。

你在提这些问题或者表明你的这些观点之前,需要了解对方的感受。如果你的领导是个非常传统的人,他可能不会喜欢你的这种自信。但是,人们还是会很尊重那些提问题并表明自己喜好的人的。

做一名合作伙伴，而不是服从者

有一个因素对于这一过程能否奏效起了至关重要的作用。那就是，如何表述你的问题以及立场，从而使听者很明白你的意图。如果你刚见到你的新上司，在短短几分钟内就一股脑地将这些问题抛向他，他可能会对你微笑，不过他会想："此人性格如此不稳定！"如果你在表明观点的时候，就像发号施令一样，你的客户很快就不会再找你做生意。如果你的下属走进你的办公室，对你说："听着，我要给你讲讲我们一起工作时大家都应遵守的指导方针，因为我只是你的合作伙伴。现在，拿起笔来开始做笔记，因为我语速很快，而且我从来不重复说过的话。我刚说了让你拿起你的笔，你倒是拿起来啊！"听到这样的话，你会作何感想？

窍门就是，当你在向别人提问题并表明你的观点时，你的态度要自然且温和。换句话说，要礼貌自信。

礼貌自信

礼貌自信就好比一杯茶。它融合了礼貌、自信、宽容心与谦逊，而且很温和。很多人都会在礼貌或者自信这两方面犯错误。他们在问问题的时候，采取的方法通常都过于软弱（不确定、谦恭），或者过于强硬（傲慢、自满）。其实想做好这点，窍门就是将这两种极端融合在一起，找到一种既坚定自信又彬彬有礼而且态度恭敬的平衡点。如果你能找到这个平衡点，你就会收获别人的礼貌与自信。

你要特别注意那些在谈话中集礼貌、自信与观点为一体的情况。在恰当的时候，问这些问题或者表明你的立场，要远比你毫无缘由、硬生生地告诉他们容易得多。例如，休（Sue）是一家知名公司的年

人缘儿——关系在成功中的作用

轻管理咨询师。她被公司派去跟一名很有前途的企业家工作。当地的一个出版物曾刊登过该企业家的简介，说这名企业家喜欢不分白天黑夜地给别人打电话。这对休来说是完全不能接受的，因为她是个单亲母亲，要养活一对3岁的双胞胎宝宝。等到她第二次与这名企业家见面的时候——就是一顿工作午餐——席间，他们就该企业家正在构想的一个新的投资机会，交换各自初步的想法。该企业家对提出的想法反响热烈，于是休把相关文章以及文章作者的一些积极的评论拿了出来。随后，休谈起了打电话的事儿，问这是不是他在与人合作时一贯的工作方式。企业家问休，这会不会对她来说是个问题，休回答是的，因为她要照顾自己的两个孩子。休说："不过咱们可以想其他的办法，来应对突发情况……"企业家了解到休很希望能够得到别人的尊重以及谅解。休的方法没有什么空泛的地方，也并不是借此表示不满。她用了礼貌自信的方法，处理了一个比较敏感的情况。得到这样的结果，她当之无愧。

处于过渡时期的人际关系

讲到现在，你可能会说，你的老板是个很固执而且控制欲很强的人。无论你做什么，都无法改善跟他的关系。5年了，他一次都没有就任何重要的事情问过你的看法；8年了，他一次都没有试图通过改变自己的风格，来改善你们的关系。

这听起来可能很令人绝望，但是如果你做出努力，你们之间的关系还是有机会得到改善的。很多控制欲很强的老板可能表面上看像个独裁者，但是透过表面，你会发现他们其实也是很体面的人。与这个

做一名合作伙伴，而不是服从者

表面上并不体面的人建立起人际关系，不是件容易事儿，而这通常会花很多时间。但是尝试着去了解他们，总比什么都不做要好。你改变不了别人，但是你却可以影响他们。很多专业人士就是因为什么努力都没做，结果破坏了他们的事业以及个人幸福。正如曲棍球传奇人物韦恩·格雷茨基（Wayne Gretzky）曾经说过的："你什么都不去做，当然不会取得好成绩，这是一个科学事实。"

为了帮助你取得好成绩，并且改善人际关系，我在这里向你介绍一个三步骤"向上管理"方法：

第一阶段——准备

◆ 约时间见面。不要对你的老板或者客户搞突然袭击。如果你想改善你们之间关系的这个想法令他们感到吃惊，他可能会本能地进行防守，而且很可能不会认真地去听你要说的话。因此，定好具体讨论的日子。如果他问你面谈的目的是什么，你就简单地解释说是跟你们之间的关系有关，但是先不要说具体的细节。安排一个对你们俩都合适的时间，这样你们都不会被别的事情所影响，也不会匆匆谈完，就跑去忙别的事情了。特别是对那些终日繁忙的主管或者CEO们来说，让你们俩人都将注意力集中到你们之间的关系，以及改善这段关系将会产生何种结果上，这点是很重要的。

◆ 为面谈提前准备好详细计划。你希望告诉你的领导，你感到自己仅仅是在按命令行事，而不是有自己的想法，这样的话，你就不会做出太多的贡献。你一定要确认你知道自己要说什么。更重要的是,你最好事先做好计划,为将来可能得到的结果做好准备。

◆ 在面谈前获得一些初步的反馈信息。将你的目标、方法和结果,告知给几个你非常信任的人。这些人最好是那些对你足够坦诚的人,从他们那里获得一些反馈信息。你是不是问得太多了?或者太少了?你的态度是不是有些过于强硬了?或者你是不是过于温和谦恭了?如果你得到的反馈很有道理,那么就对自己的方式方法进行相应的调整。同时,你也会从第三方那里获得宝贵的意见。接受这种意见需要你心胸足够开阔,并能控制好自己的情绪和意识。

第二阶段——传达信息

◆ 控制好你的情绪。这并不是要你忽略自己的感觉,或者去装腔作势——你希望能够与别人坦诚相待——但是如果你感到心烦意乱或者很生气,你的谈话很有可能就会偏离这次面谈的方向。对方会根据你的谈话方式做出相应的反应,而不是根据你的谈话内容。让你的声音保持冷静,同时控制好你的身体语言。表现出自信还有确定的样子,而不是傲慢或者说话没根据。

◆ 说重点。礼貌自信并且简明扼要地阐述面谈的原因,并表示你愿意向对方阐述你的看法,而且你也希望知道对方的看法。强有力的声明可以吸引别人的注意力,并能为双方指出一条明确的路线来遵循。

做一名合作伙伴，而不是服从者

◆ 充分参与到思想交流当中去，不要仅参照你自己的议程。停留在表面化的倾听过程是无法令人接受的。快速认真地思考对方的观点。他说的有没有道理？他的观点是不是基于有误的假设？你是不是感到他的有些观点有道理，有些没有道理？虚心接受新鲜事物，并将你的关注点集中在回答这些问题上，同时认真思考对方的推论过程。

◆ 有必要的话，退一步海阔天空。不要接受那些态度轻蔑而且盛气凌人的回答。如果对方总是打断你的话，忽略你，或者对方的举止态度让你觉得你无法进行下去，那就让他知道你的不快，但是态度要恭敬。同时示意他要认真听取你的看法。

◆ 回顾一下之前的内容，并决定下一步该怎么走，不要将事情拖到以后再做。总结一下双方交流的信息；澄清总结中出现的任何误会；双方就下一步如何走达成一致意见，从而将双方的关系引导到平等的基础上。

第三阶段——后续内容

◆ 对取得的进展进行监控。你需要确认，双方能够实施已经决定的下一步安排。双方会进行下一步面谈。此外，双方在维系关系时，能够采取新的态度，并有新的行动。如果你觉得，双方的关系因为某些具体行为而得到改善，这很棒。记得告诉对方这一成果。如果没有进展，你也要告知对方。然后你们再进一步挖掘，为什么双方的关系还陷在听命模式中而没有得到改善。

人缘儿——关系在成功中的作用

◆ 以书面形式记录下来。你需要记录下来之前口头上谈论好的内容。如果你认为，这段关系可以通过遵守书面规则和进行书面提示（即：需要做的和无需做的事情）得到改善的话，那么你不妨做一下书面记录。书面文件可以帮助人们坚持进行改善。

如果你能够运用这三个阶段的每个行动步骤，你便可以很轻松地建立起合作伙伴式的人际关系。如果你想与自己曾经的恋爱对象做朋友，你知道这么做很难。同样，有些方法对一个人奏效，并不代表就对另一个人也奏效。因此，你需要灵活地运用这一过程。第二阶段中的步骤——控制好你的情绪——会对一段关系起到关键性作用。但是，在另外一段关系中，后续努力恰恰就是关键。

面对现实：抵抗情绪究竟是来自对方，还是来自我们自己？

你还要准备好应付抵抗情绪。对有些人来说，不去控制别人是一件很难的事情。他们甚至不愿意放弃一丁点儿的权力。还有一些人不喜欢接受挑战。他们在那种服从式的人际关系中已经处了很久了，以至于他们早就坚信，只有服从命令听指挥，才是最好的处事原则。

在这个群体中，有一小部分人无论你做什么，他们都不会做出任何改变。他们对你有抵抗情绪。但是，随着时间的流逝，再加上你的坚持和努力，他们也许会有所改变。

更重要的是，你需要意识到，你遇到的抵抗情绪也许就来自你自己！不要自行认为这一定就是对方的错误。我在工作中经常能碰到这种拦路石。

做一名合作伙伴，而不是服从者

抵抗情绪往往来自于你自己的不安全感以及恐惧感。

> **关于合作伙伴关系，你需要记住**
> ◎ 无论你的社会地位、工作经验或者教育背景是什么，你都应该得到大家的**尊重**。
> ◎ 客户**不是**次次都对。他们也许会表现得很无理、粗暴或者不可理喻。
> ◎ 你的想法有很高的价值……但是你必须跟别人分享它们。

我曾经跟很多人共过事，他们中有男，也有女。他们看待自己、谈论自己的时候，好像总是犹豫不决，而且尽量规避风险。他们甚至会轻视自己的才能。但是，就是这些人，在自己的同事没有平等对待他们的时候，往往会感到很吃惊。自我认知，在任何一段人际关系中，都是很重要的。特别是当你"向上管理"的时候，尤为如此。如果你在老板面前卑躬屈膝，那他一定会像对待乞丐一样对待你。因此，你一定要坚信，自己是一名很好的合作伙伴。

如果对方仍旧对此抱有抵抗情绪，你可以通过下面的两种策略，来说服他们：

◆ **1. 将这种抵抗情绪摆在明面上。** 第一步很重要，你要让对方意识到这种抵抗情绪。也许对方并没有意识到，他在极力抗拒平等地对待你。也许这是个涉及地位的问题：你的老板认为，所有的下属都应该是二等公民，低他一等。这时候，你可以安排一次面谈，跟他具体讨论一下这个问题，然后你再提出解决办法。切忌长篇大论，或者很枯燥地大谈特谈你需要对方平等地对待你。简洁明了是最奏效的。你会发现,简明扼要地说清这个问题,外加一个行使有效的解决方法,可以化解这种抵抗情绪。但是你一定要记住一点:简明扼要是最佳的做法。

◆ 2. 做书面记录。工作繁忙的人有时候会好心办坏事。他们会同意你对合作伙伴关系的看法。但是,后来发生了一些突发事件,导致这些看法没有被很好地付诸行动。如果你想要确保万无一失,书面记录就能够帮助你做到这点。此外,如果有了书面记录,你可以提交书面记录、编辑记录内容并得到别人的承诺。一份书面证明也可以给你一些控制权。我目睹过很多谈话最终未谈妥的情况。究其原因,就是谈话一开始就没说到正题。如果你没有个好的开头,你的老板在一开始就没有领会你的意思,那你永远不会让你们的谈话朝着你想要的方向发展下去。如果你将讨论的观点记录下来,这种未谈妥的现象就不太可能发生。

报偿比风险重要

不要等待良机自动出现,也不要总是被假设的想法羁绊。你越早表示自己希望能够被平等对待,这就会越早发生。问问你自己:要忍受着完成分配给你的日常事务,而不是接受挑战性的任务,这样的日子你还要再忍受多少星期,或者多少天。思考一下你的职业发展。除非你有机会向大家展现你的才能,否则你的事业就会搁浅。

如果你不愿意做一名服从者,你可能已经跟所有人吐过苦水了,除了那个你最想向他吐苦水的人:你的老板。我曾经为中高级经理们办过一次研讨会。研讨会主要讲述了一种特殊模块,它涉及了"向上管理"。我教授他们如何将自己看作别人的合作伙伴。很多参与者后来都透露说,他们与自己老板的关系有断裂。他们不曾坦率地向自己的老板提及他们的工作动力、关心的事情或者自己的喜好。于是,我给他们布置了一项作业。我要他们坦白地告诉自己的老板,他们觉得俩人的关系在哪些地方有问题。当我向他们布置这个作业的时候,他们都承认自己曾经向配偶、朋友还有其他人透露过他们最想跟自己老板说的话。因此,他们在不断地练习他们需要说的话,只不过他们从来没有向该说的人说出过这些话。一旦他们真的将那些话说给目标听众了,他们会发现自己跟老板的关系得到了大大的改善。如果你好好地按照这些步骤去做,你就会收获多多。但是,准备工作和具体行动才是真正获得回报的关键。

获得合作伙伴关系的好处

◆ **升职、加薪以及工作机会**:处于合作伙伴关系中的人,会得到更多人的认可。他们还会有更多的升职机会。这些回报都来自于合作伙伴关系。在这种关系中,合作双方都感到,自己有必要告诉对方各种信息、好的点子、其他认识的人以及各种机会。

◆ **成功人士的关系网的扩展**:在不平等的人际关系中,你的老板和客户并不觉得应该将你介绍给那些能够帮助你在业内外发展事业的人。因为,他们害怕一旦自己这么做了,你就会换新的工作,而不是为他们服务。在合作伙伴式的关系中,合作双方彼此信任。大家都相信,对方不会利用自己介绍的关系去找其他的工作(除非双方在之

人缘儿——关系在成功中的作用

前开诚布公地谈过此事）。在工作中，合作双方明白，他们可以通过扩展自己的人际关系网来提高工作效率。在这种情况下，他们会毫不犹豫地分享彼此手中的资源。

◆ **商业知识的宽度和深度**：在今天的职场上，知识就是力量。大量的知识管理项目涌现出来，因为企业看重信息和想法。服从式的人际关系有一个特点，即单方面的数据提供。信息和数据是流动的，但是人际关系是静止的，它不会因为你或你所在的企业而发生变化。没有人会去挑战传统和权威，也没有人会提出发人深思的想法。另一方面，合作双方也不会无时无刻地检查双方交流的信息。假如你偷听合作双方的谈话内容，你会听到一来一回有关各种理论的交流、各种假设场景、各种前沿消息等等。

◆ **更多前进和获得利润的机会**：你的老板知道本月另外一个部门会有一个职位空缺。你的客户知道他的一个合作公司正在寻找新的供应商。在服从式的人际关系中，这些机会都被藏起来了。你只有在很少的情况下会获知这些消息，而且这也只是作为交换条件而已——"如果你为我做某件事情的话，我就告诉你某个机会。"这不只会牵涉到这段关系中出现的各种工作机会和商机。你的老板也许会告诉你，当地一所大学提供一个很棒的管理教育项目。他还会暗示你，这个项目不仅会丰富你的简历，而且会让你受到更多潜在雇主的青睐。你的客户可能会告诉你，这里很快就会有一场贸易大会。他还会建议你参加某个研讨会，因为他觉得这个研讨会会帮助你了解到业内最新的动向。你要为自己争取到这些机会。你要让其他人感到，跟你建

做一名合作伙伴，而不是服从者

立人际关系是一件很不错的事情。你要让他们知道，你值得他们向你透露这些消息。

◆ 一个高效的二人团队：诚然，依靠服从式的人际关系也能办成事情。然而，依靠合作伙伴式的人际关系却能把事情办得更漂亮。你可以回想一下，自己跟老板实施一项计划有多难，或者你跟客户似乎永远也无法就一个新项目达成一致意见。由于怀疑、懒惰或者既得利益的缺失等因素的作祟，一个团队如果依靠服从式的人际关系做事，那么团队成员们在工作中就会缺少激情和创造力。相反，合作伙伴式人际关系有更明确的目的。处于这种关系中的合作双方，更能够将自己的精力投入到目标的实现中去。

◆ 勇气：终日迟疑不决、诚惶诚恐的人，不会将自己的潜能百分百地发挥出来。这种人不能顺利地实现自己的目标。这不仅会影响他们的职业发展，也会阻碍他们实现自己的个人目标。当你在"向上管理"的时候，你通过人际关系获得力量。当有权力的人平等地对待你的时候，你会认为自己与他是平等的。你会做出更好的决定。一旦你的老板或者客户成为你的合作伙伴，你会感到自己更强大了，更能控制一切了。一旦你觉得背后有人支持了，你会有信心去冒险。这是你以前想都不敢想的。

勇气意味着，当你发现有人犯错误的时候，你会大声地说出来。这也意味着，你希望向别人提供更好的意见，就算那代价是冒犯公司内部的保守派。这也意味着，你在大家的眼里是个有勇气的人；你在大家的眼中是一名领导者，而非服从者。

不管那些有影响力的人是不是跟你在同一家企业，你都要与他们

人缘儿——关系在成功中的作用

建立合作伙伴式的人际关系。记住，这是通过人际关系取得成功的第一步。虽然这是第一步，但它也是你的奋斗目标。我们随后要谈的其他步骤，将帮助你建立、维系合作伙伴式的人际关系。这其中包括让你自己显得脆弱。我们会在第二章中谈到这点。

影响：合作关系究竟意味着什么

每次我做完演讲，大家都会问我一个问题："乔，你说得都挺对的。但是，这对我的工作和事业意味着什么呢？"这个问题提得很好。有谁不希望取得决定性的结果呢？我希望自己通过本章已经向你阐述清楚了，建立合作伙伴式的人际关系会给你的工作和事业带来怎样的好处。我总结了如下的各种影响：

◆ 信任感：如果你处于一种开诚布公、坦诚的人际关系中，你会感到自己可以畅所欲言，并接受新的挑战。在这样的环境中工作会令你感到精力充沛，因为你不用担心别人会有任何不可告人的目的。你可以坦诚地与人相处。

◆ 工作表现：在这样的人际关系中工作，你的创造力会得到极大的施展，你也不用害怕犯错误。同时，你还可以抓住各种好机会。作为一名合作伙伴，你为自己的工作感到很自豪。同时，你相信自己可以实现奋斗目标。

◆ 利润：在这种人际关系中，合作双方可以交换知识、技能以及反馈信息。这种交流将你变成一台能取得成果的机器。这样，你便拥有足够的资源，为自己和公司赚更多的钱。

大胆展示缺点

人缘儿——关系在成功中的作用

我们不得不承认一点：我们有时候不愿意对我们的同事说"我不知道"或者是"我对某事不太在行"。因为我们深信，一旦这样的话说出了口，对方会对我们很失望，或者对方至少会认为我们没有他们想象得那样能干。

这是人之常情，在工作中更是如此。但这并不意味着为达到预期目标，我们就理应如此。在工作中，我们对究竟应不应该承担责任或者要不要承认自己对完成任务其实没有把握感到纠结，甚至苦恼万分。这就回到了之前我们所说的不要向敌人暴露缺点这个问题上。但是，在今天的企业中，我们的老板与客户不是我们的敌人（除非我们那样对待他们）。

大胆展现缺点既显示了真实性，也帮助我们吸引其他人。这是一个种瓜得瓜、种豆得豆的过程，做能够帮助我们建立起信任感。我们所遇到的最真诚的人，往往是那些最透明的人。他们会毫不犹豫地展现自己的疑惑、不确定以及他们的洞察力和价值观念。我们愿意与真诚的人共事。这能将人际关系提高到新的高度——在这一高度上，人们既愿意付出，也愿意索取。下面的故事就说明了我们会遇到这类问题。它告诉我们，妥善处理这些问题往往会帮助我们避免将自己脆弱的一面展现给别人。

将错失的机会追回来

你是不是曾经在工作中犯过极其严重的错误？你是不是也有过这样的经历，就是当你发现自己搞砸了一切时，感到很糟糕？这很像那种坐过山车时感到胃很难受的感觉。这感觉让你感到很不舒服。我们中的大部分人试图掩盖错误。我们会找借口，还会为我们所犯的错误提供合理依据。我们会去做任何事情，可就是不会为我们所犯的错误负责任。

有一次，我应邀去拉斯韦加斯（Las Vegas），给客户召开的全国销售大会做演讲。这次的客户是巴吉特布兰兹公司（Budget Blinds），他们邀请了一名国内最优秀的演说家，为会议的开始做主题演说。我应邀在中间三次插讲。那是一次很好的机会，我很期待3月3日这一天的到来。

实际上那是3月2日的事情了。当我得知日期搞错了的时候，我正在达拉斯（Dallas）参加另一个客户举办的为期两天的研讨会。3月2日中午的时候，我收到了特蕾西（Tracy）的语音留言，她是我在巴吉特布兰兹的联络人。留言的内容是："乔，我是特蕾西。我很着急。我问了前台，他们说你还没有登记。我这里有200个人在等你演讲呢。"

我在生活中以及工作中一直是言而有信的，这点很令我自豪。不用说你也知道，当我意识到自己犯了一个严重的错误的时候，我顿时惊慌起来，就更别提说了多少自我责备的话了。我既尴尬，又惊恐。于是我马上给特蕾西打电话，承认自己在行程安排上出了错，并保证一定会尽快赶到拉斯韦加斯的会议现场，但是我需要先结束在达拉斯的研讨会。她告诉我她需要跟其他人谈一谈，并会再给我去电话。一个小时以后，她给我打来了电话，告诉我巴吉特布兰兹的五位老总正在电话机旁等我。

当时我的第一个念头是赶紧找个借口，使我犯的错误显得能令人接受。我可以告诉他们我很忙，或者说这其实没什么大不了，反正我可以明天就赶过去。但是我突然意识到，找借口其实是错误的，因为

人缘儿——关系在成功中的作用

这就向他们表明了我没有对自己的错误负责任。

于是,我说:"先生们,我让你们失望了,对此我表示深深的歉意。我很高兴自己能够在您们的会议上做演讲,我之前对此也做了充分的准备。但是我在自己的行程安排上犯了一个严重的错误。我会尽我所能再次得到你们的认可,就从退还你们付给我的所有费用开始吧。"

巴吉特布兰兹的 CEO 查德·哈洛克(Chad Hallock)说:"乔,我们决定将此事往好的方向发展。我们已经将最后做演讲的人和你互换了位置,我们想让你明天来给我们做会议最后的演讲。"

这真是个好机会!我将有幸为800个人做演讲,而且是最后的结束语,这比给200个人做演讲好得多。

当我第二天到达拉斯韦加斯的时候,五位领导一起欢迎了我的到来。他们并没有因为我迟到而责备我,也没有让我感到尴尬。尽管我多次对他们表示我的歉意,他们都叫我不必太过担心。

会议的最后部分是我所做过的最棒的演讲,也是我职业生涯中所经历过的最有教育意义的一次经历。我与观众之间也有很好的互动,而且能很快产生共鸣。我应邀明年再来参加这个会议,并给会议做结束语的演讲(有过这次令我心里不好受的经历,我打算下次提前六个星期达到)。

回顾一下那次经历,当面对我所犯的错误的时候,我也有可能做出不一样的决定。我大可以不断地解释我的安排有多么多么的紧,或者干脆把责任推到其他人的头上。但那样做其实是错误的,而且会破坏人际关系中最基本的一条——品德。再进一步说,那样做也会破坏而非巩固能够产生收益的商业关系。

我还是要强调道歉与原谅在巩固人际关系中能带来极大的好处。

我主动道歉表明了我是个诚实的人，并且说明我愿意承担责任。他们肯原谅我——接受并原谅我所犯下的错误——让我愿意为他们做任何事。道歉与原谅的结合，并不是修复人际关系，而且重新建立了人际关系。这点至关重要。

最佳的人际关系需要不断地培育。

当两个同事艰难度过困难，并带有同情之心，通过彼此间的信任渡过难关，他们之间的关系并不仅仅是得以维持下来，而是会进一步向好的方向发展。以正确的方式克服挑战、挫折甚至是失败，是一个将人际关系上升到新高度的好机会。

为了达到这个目的，我们得将自己的脆弱展现给别人。从以前的经历看，这么做对于一些人来说可能会很难，特别是当我们坚信如果我们承认错误，某些人会对我们有看法；或者，如果我们对所犯错误负责任，领导会认为我们粗心大意。人们在面对批评的时候，一般都会不由自主地维护自己的利益，或者担心别人会怎么看他们，譬如他们不会说"我错了"这样的话。但是我们要记住这点：在承认错误时，我们向对方传达的不是我们的弱点或者无能。是人都有脆弱的时候，都会对自己的脆弱反应敏感。

如果我们领悟了脆弱和软弱之间的区别，我们也许会更愿意接受脆弱。

承认自己脆弱是需要勇气的

人们总是错误地认为，一旦他们承认了错误或者恐惧，别人就再也不会认真对待他们；或者一旦他们对什么事情表示不确定，就不会

人缘儿——关系在成功中的作用

再做成生意。没有人愿意别人说他们懦弱。弱者没用，他们总是尽量避免冲突，而且也不能鼓舞人。这与脆弱可不一样。表 2.1 中强调了软弱与脆弱的不同之处。

通常情况下，软弱与脆弱之间是有一线之隔的。一个性格软弱的领导可以跟大家交朋友，他可以是个好人，他也从不会生气，而且也讨厌别人发脾气。脆弱的领导也可以是一个很好的人，但是他的善良并不会妨碍他做出正确的决定或让别人承担责任。我们也有脆弱的时候，从外表看我们也许会表现得很软弱，但在必要的时候我们也会很强硬。

表2.1　软弱与脆弱

	软弱		脆弱
1	不负责任	1	负责任，并对此感到自豪
2	避开自己领域外的任务	2	愿意向他人寻求帮助
3	允许他人溜走	3	帮助他人实现目标
4	让自己理智控制情感	4	移情，但是能保持理智
5	犹豫不决	5	先征求意见，再做决定
6	躲避冲突	6	帮助陷入冲突的人获得共识
7	找借口	7	愿意承认错误并道歉
8	抵制变化或者压力	8	喜欢接受挑战，学习新知识
9	摇摆不定	9	强大的信念
10	不鼓舞人	10	有影响力
11	很难琢磨	11	透明
12	缺乏自信	12	谦逊

透明度也是区别这两者的好办法之一,因为软弱的人通常害怕坦白自己或者与别人交流。他们担心直接表露自己的想法会带来不好的效果。一旦你让自己变得透明,别人就不会认为你有什么不可告人的秘密。当我们让别人做什么事情的时候,我们没有什么不可告人的政治目的。我们说什么,就是什么。

当我们向别人坦诚我们的观点的时候,我们鼓励别人也坦诚地对待我们。这样做可以从很多方面巩固人际关系,在人与人之间建立起信任的纽带,帮助人们应对各种各样的困难和危机。你大概还记得我之前的观点——人际关系不是建立起来的,而是重建起来的。透明度极大地促进了这一过程。

当我跟别人谈论起透明度的时候,大家往往有不同的理解。他们认为自己可以直言不讳,并且不加任何修饰。但就人际关系而言,这种直言不讳会跟软话一样具有杀伤力。有些老板和客户诚实得近乎残忍。他们会说出类似这样的话:"珍妮(Jenny),你也就只能停留在中层管理水平上了,因为你天生就不是当领导的料。"

诚实是件好事,不够老练还有太粗鲁并不好。当我们处世谨慎小心的时候,透明度可以帮助我们巩固有成效的人际关系。试想,当我们的老板焦躁不安的时候,我们就不便在这个时候告诉他我们在跟客户打交道上有困难,至少当时是这样的。我们的目标是,在当时情况以及常识允许的情况下,尽可能地做到透明化。在恰当的时候说恰当的话,才是懂得交流技巧的标志。

有时候,做到这点是很难的。在一些情况下,我们是冒着丢掉饭碗或者破坏某种人际关系的风险,来实话实说。但这样冒险又是值得的。当我们告诉我们最大的客户,他们的运作需要重新调整结构,他

人缘儿——关系在成功中的作用

们可能会否认我们的推论。同时，如果他们看中你的观点并且尊重你的工作，他们会相信你在实话实说，而且你在冒险因为你的确想帮助他们提高他们的运作水平。你没有什么不可告人的目的。这样双方之间会建立起一种纽带，这种纽带会极大地改善双方间的关系，使双方都能从中获利。每个人都喜欢直言不讳的人，讨厌摇摆不定且唯唯诺诺的人。

要想做到透明化或者展现脆弱，是需要一定勇气的。无论你是刚参加工作的菜鸟，还是像下面故事中公司新来的CEO，这一点都同样适用。

几年前，彼得·达沃伦（Peter Davoren）被任命为特纳建筑公司的CEO兼董事长，该公司是国内最大的承建商之一（高楼大厦、医院、体育馆），也是我的长期客户之一。彼得在宣布就职后，向公司员工做讲演。一般这个时候都是公司新任CEO向员工宣布他的发展规划，并就公司使命与价值观念发表大老板讲话式的演说，目的在于向员工展现新任老板的自信与乐观精神。

彼得却采取了不同的方法，他用下面这段话作为开篇语：

我很荣幸被任命为特纳的CEO。我要跟你们大家分享的第一件事儿，就是我对这个决定感到很难胜任。但是在我得知自己周围有你们这样一批人可以帮助我继续迈向成功，并作为一个团队有所发展的时候，我顿时感到信心百倍。

为什么这家资产数十亿美元的巨头公司的新领导，当着所有人的面承认了自己的脆弱？他刚才的话，难道就不会动摇公司员工们的信心吗？

结果是，完全没有。他除了向大家透露自己似乎疲于应付新环境以外，还在这次讲话中向大家展示了自己的力量，明确了奋斗目标。彼得的语调、措辞、肢体语言以及他的幽默感，都说明了他是一名很有能力的领导。他有很多的想法和可行计划，可以帮助他获取成功。但是，我怀疑当时屋子里的所有人似乎都忘记了，他刚说过自己感到难以胜任肩上的重担。人们更容易将他当作与大家一样的普通人，与他产生共鸣。因为，他愿意跟大家分享自己害怕的事情。这证明了，他跟在座的其他人是一样的。从那次开篇演讲以后，他巩固了自己与大家的关系，员工们也受到了鼓舞。

这么多年过去了。我曾经目睹很多非常优秀的演说家上台演讲。但是，我从没见过他们中有几个人会像彼得那样真心实意地跟听众进行互动。彼得的坦诚、他那自嘲式的幽默感以及直截了当的方式，赢得了雇员们的心。其中一名雇员在演讲后，回忆说："他就好像是我们中的一员。"彼得通过展现自己的脆弱，建立了自己与员工之间的关系。

最好的领导、经理、企业主和销售人员都是脆弱的。在别人面前表现得刀枪不入，这种做法其实是错误的。这正好与一些人的想法截然相反。客户不会相信那些总是一张嘴就能快速给出答案的销售人员。这类人在面对问题的时候，从来不会承认自己其实不敢确定问题之所在。这类人也不太愿意告诉别人他们愿意慢慢发现答案。下属们也都不希望自己会遇到一个冷酷、毫无瑕疵的领导。他们不会为领导冷冰冰的处事方式所动。你可以想象一下那些听不进去别人的想法，也不愿承认自己缺点的人。你难道不觉得，他们在你眼里是多么没有吸引力吗？

人缘儿——关系在成功中的作用

尽管向别人暴露你的缺点能够创造奇迹，但是如果你只是暴露缺点、承认错误的话，你也不会建立起良好的人际关系。只有当你坦然地面对自己恐惧的事情，并坦诚地看待你的信仰与价值观时，你才能将人际关系上升到新的高度。如果你表现出礼貌自信，你便能感染到别人。这也是你能够显示出自己的力量，同时暴露出自己的缺点的关键。

强有力的组合

礼貌自信，是由礼貌和自信组成的。但是，这个组合产生的影响，要远比这两个词语本身更有意义。你可以想象一下这两个词语。它们就好比两种性格的结合。这两种性格在通常情况下是不会被人相提并论的。一方面，你很善良、有同情心，能够设身处地为别人着想，还很谦虚；另一方面，你自信、性格坚强、有决断力，也很有责任心。这些优点一旦结合起来，会十分地吸引人。它们也能帮助你获得收益。同时，它们也会使你变得有影响力、有说服力。

现在，我们单独来看这组词语。如果你用"为人和善"这组词来描述商场上的人，但是此处又没有说明，这个人显示出自信，或者很强的信念，你很容易就会这样看待这个人："这个人心肠很软。"在商场上，如果你只是用"自信"那组词来描述一个人，别人会觉得这个人出了名地傲慢自大。

只有当这两组性格特征结合在一起，每一组特征中的消极一面才会被抵消。这种结合不仅能抵消消极的因素，也会向处于业务关系中的其他人传递正面的价值观。凡是能够做到礼貌自信的人，都有办法能够大胆、毫不犹豫地暴露自己的缺点。他们既不会烦躁不安，也不会神经过敏或者意志薄弱。他们可以对别人说:"我不知道自己能不能做好这件事。"说出这样的话,不会显得他们没本事,或者毫无安全感而言。他们的语调与办事方式说明他们能够并愿意学习自己不知道的事情。或者,他们可以找到能够向他们提供帮助的人,然后向他们咨询自己不知道的事情。他们对自己深信不疑。相反,他们诚实的品格也向别人证明了,他们不会假装自己知道任何事情,他们不会危害到项目的进程。

无论你是彼得·达沃伦那样的CEO,还是公司里的新人,礼貌自信对你来说都有用。如果你是一名刚参加工作的新人,你的老板希望你能够做到谦虚、迟疑不决。但是,你也不必表现出诚惶诚恐的样子,或者有意去奉承他。就算你还没有完全掌握具体的工作内容,你仍旧可以对工作表示出关心。你仍旧可以对交给你的任务,负责到底。你在做事情时,依旧要果断自信。然而,人们在通常情况下会坚信知识就是力量这一古训。他们忘记了自己是否能够控制好自我意识。其实,你的老板或者客户不会太在意你说的话。

人们不关心你知道多少,除非他们知道了你有多在意。

这句话的关键部分说的是,如果你做到礼貌自信,你也会从你的合作伙伴那里受到同样的待遇。人类行为和情感是有感染力的。你有没有注意到,比如你在开会的时候打了哈欠,几秒钟后别人也打起了哈欠?或者,当你参加亲友的葬礼时,如果有人把手搭在你的肩膀上安慰你的时候,你特别地想哭?在极端情况下,如果有人带着嘲讽的口吻跟你谈论什么,你也会用同样的语气回应他。

如果你坚持表现得礼貌自信,你才有可能从别人那里受到同样的

人缘儿——关系在成功中的作用

待遇。为了帮助你明白礼貌自信的重要性，我列举了两种业务场景。一个是普通的人际关系产生的影响，另外一个是坚持礼貌自信后产生的影响。

场景一：

你的老板批评你说：刚刚你给客户做的产品演示不是很好。他指出，你说话时的语速太快，而且你还有些强买强卖了。他建议，你下次需要说慢点儿，而且在销售时要采取巧妙的策略。否则，你和公司都会丧失信誉。

典型回答：你反应过激。你声称自己的方法是正确的，但是它与你老板的风格不搭调。这就是为什么他会不喜欢。

可能的结果：对你的业务关系来说，这么做不是很好。

礼貌自信的回答：你用自己的话总结了一下老板告诉你的话，并对他的提议表示感激。你问老板，在他提议的这样温和些的方式和你自己的风格之间，有什么具体的行为是你需要注意的。这样，你会意识到什么是更可行的方法。

可能的结果：对你的业务关系有益。

场景二：

一个大客户抱怨你们公司新的定价政策。他说你们多向他收费了，这部分费用以前从来没有在账单中出现过。他坚持说，自己之所以投诉，不是因为钱。因为，这对他来说其实是微不足道的。他之所以不满，是因为他都跟你们合作5年了。作为你们的老客户，他感到自己的忠诚没有得到相应的回报。

*典型回答：*你投降了，告诉他不要担心新的定价政策。他不会付额外的那部分费用。

*可能的结果：*对你的业务关系来说，这么做不是很好。

*礼貌自信的回答：*跟客户说明，你理解他为什么会对额外的收费感到不满。但是，在这个新型、竞争异常激烈的环境下，公司已经不得不向客户征收产品或者服务的额外费用。你只有向客户解释清楚情况，他才会明白如果不这么做，公司会处于竞争劣势。公司只是希望收取些许额外费用，而不是大幅度地提高主要产品和服务的价格。

*可能的结果：*对你的业务关系有益。

上述例子说明了，礼貌自信的回答只是普通人可能会给出的反应。你需要找到你自己的方法，并结合礼貌自信。只要你能够做到这点，你建立起来的人际关系就会受益。

窍门与技巧：如何大胆地展示缺点

最好的变化会发生在各种类型的企业当中。其中一个变化就是，公司的企业文化朝着协作性的方向发展。在这种企业文化中，完美无瑕的领导不复存在。替代他们的是，那些愿意承认错误，并能够接受别人缺点的人。吉姆·柯林斯（Jim Collins）在畅销书《从优秀到卓越》（*Good to Great*）[哈珀柯林斯出版社（Harper Collins），2001年]中谈到：一名领导会用到的最重要的三个字就是："不知道"。我们生活工作的这个世界，现在变得非常不确定，无法让人预测。如果你假装知道自己本不知道的事情，这种做法其实是很愚蠢的。同理，那些沉溺于追求完美的人，是从来不会冒任何风险的。

人缘儿——关系在成功中的作用

今天的成功,是建立在冒一定的风险并做出聪明决定的基础上的。领导们意识到,成功之路是靠不断地犯错误铺出来的。因此,他们会鼓励员工在通往成功的大路上,大胆地去冒险。这并不是说那些经理们喜欢员工失败,或者将事情搞糟。相反,他们知道这跟不冒任何风险比起来,要好得多。

迈克尔·维奥特(Michael Viollt)自1986年以来,担任芝加哥(Chicago)市罗伯特·莫里斯学院(Robert Morris College)的校长。他在任职期间,为学校带来了一股新思潮。那就是,他认为错误是不可避免的,但是又是可以改正的。他认为,犯错甚至是学校发展的必经之路。维奥特校长在任职期间,使学校的收入增加了3000%,学校的成功,与校长对错误的容忍不无相关。在学校工作的教职员工们觉得没什么必要掩盖错误。他们反而将错误看作是前进的途径。他们会从错误中学到很多东西,以便下次做得更好。

下面,我要向你介绍五种方法。这几个方法可以帮助你展示自己的缺点,同时巩固人际关系:

1. 诚实地问自己。
2. 向至少一个人寻求反馈意见。
3. 在工作和生活中,要表里如一。
4. 坚持真诚坦率地对待别人。
5. 承诺向别人道歉,并原谅他人。

诚实地问自己

你可能认为你能够坦率地面对自己的问题和恐惧的事情。但是,一旦你再仔细地想想这个问题,你会意识到你很有可能确实对自己很苛刻。我们很多人都是这样的。也许，你愿意跟一个你信得过的同事谈论那些让你感到焦虑的事情。但是，如果交谈对象换成你的老板，你就变得冷静了。你会像参加比赛的运动员那样，本能地掩盖自己的弱点。这样，你的对手就不会利用你的弱点打败你了。然而在工作场合，你的老板或者客户可不是也不应该是你的竞争对手。你并不需要对所有的事情都争个你赢我输。

然而，你还是会有这种本能的反应。如果你想克服它，你可以在不同的工作场合，就你的弱点进行自我谈话。这意味着，当你有机会展露自己缺点的时候，你可以就自己所说、所想、所做的事情，与自己进行反思性的对话。你可以通过向自己提出下面的这些问题，展开自我谈话：

◆ 当我跟有影响力或有权力的人谈话时，我应该试图加强他们对我的认识，还是告诉他们我的真实感受？

◆ 如果我出了差错，我应该选择为自己找借口推卸责任，还是应该忍受责罚、承认错误并努力找到解决办法，以改正错误？

◆ 当我看到那些有影响力的人在对待别人或我的时候表现得很不公正，我应该闭上嘴什么都不说，以防说了以后会产生不好的后果，还是委婉地表达我的看法？

向至少一个人寻求反馈意见

征询并收到反馈意见，能使你坚持坦诚地对待他人。当所有人都觉得你没那么坦诚的时候，你就无法再欺骗自己，自认为自己为人很坦诚了。因此，你可以从众多同事中挑选一组人。他们可以向你提供反馈意见。你需要挑选一些值得你信赖的人。同时，你相信他们可以做到客观公正。然后，你让他们回答上述的三个问题。

"反馈意见就是冠军能够得到加冕的关键。"——肯·布兰查德（Ken Blanchard）

此外，你可以根据工作环境的不同，找一个人为你做录像。这对你来说会很有帮助。我知道，这样做看上去可能有些令人尴尬。你的客户可能不愿意你们的开会内容被录像机记录下来。但是，录像有时候也可以让人接受。比如，当你向客户做产品演示的时候，或者在你们开组会的时候。虽然可能会有戏剧性的事情发生，但是我却发现，这些录像可以改变人们的职业意识、行为做法、人际关系和结果。我在跟客户合作的过程中，录下了3,000多次演示过程。不止一个人在看完后会惊呼："我真棒！"正像一句老话所说："相机不会说谎。"你可能会发现，录像中的你只是摆出一种姿态或者装腔作势，而不是向大家展露你的真实面貌。你可能还会发现，你表现出防范别人的样子，或者在为自己做合理的辩解。不管你在录像中会看到什么，它都会帮助你意识到你在掩饰真实的自我。很多人认为他们展现出激情和对别人的关注，但是录像里显示的内容却恰恰相反。

你可以根据这两种不同反馈意见，从自己的行事作风中摸出一条规律。你要意识到一点：你收到的一些反馈意见可能会自相矛盾，或者偏离主题。你不需要因为每一条评论性的观点或者负面意见，就感到备受折磨。当你从自己的行事作风中摸出规律以后，它会提示你：你在面对压力的时候，表现得很固执。或者，它会让你知道，你听到别人的评论后，变得自我防御起来。这时，你便意识到了一些重要的东西。并不是所有人都以同样的方式展示自己的弱点。有些人通过咆哮掩盖自己的弱点,其他人则选择拒不开口。你需要做的就是,找到自己做事情的规律。这么做会让你对它有清晰的认识。同时,你也可以准备好去打破这个规律。

在工作和生活中,要表里如一

我们在不同的场合会有不同的表现。但是,你会不会跟自己的配偶或者朋友在一起的时候是一个样子,在办公室里就变成另外一个人了呢?你是不是更愿意跟别人分享你在处理私人关系时遇到的问题,而不是工作关系中产生的问题呢?一个奇怪但却很真实的现象是,我们在工作中会变得跟平时生活中不一样。也就是说,我们会变得不够坦诚。

你要准备好与这种现象作斗争。一个方法就是,你需要知道,自己在工作和生活中的表现是不是有鲜明的对比。你可以设想一下:当你身处其中一个环境中,你是不是变得更友善、更坦诚、更愿意向别人承认错误。你可以向自己的朋友和家庭成员征寻反馈意见;然后,你再思考一下这些意见是否与你从同事那里得到的反馈意见相吻合。

当然,有些人会选择将自己在生活和工作中区别开。我们应该理解并尊重这种做法。这种做法的目的仅仅是减少了这两种身份间的差别,以便取得更好的业绩。实际上,你并不能完全地消除这种差异。与客户和老板相比,你跟自己的朋友和家人更亲近一些。但是,如果你在工作中能表现得像在家或者跟朋友在一起那样,你就能表露出脆弱、坦诚、自信心。人们更容易跟生活中的你产生共鸣。这可以帮助你取得事业上的成功。因为,你展示出真实的自我,而不是你觉得你

人缘儿——关系在成功中的作用

应该表现出的样子。

坚持真诚坦率地对待别人

好好规划一下你该在什么时候、以何种方式坦诚地对待他人。选择改变是一件很棒的事情。如果你能够下决心改变，并采取相应措施，那将会更棒。在未来的日子里，你可能需要安排一系列的会议和产品演示会。将它们当作你向别人展示缺点的机会。你可以将自己要说的话写在纸上，然后针对可能发生的各种情况，设想出相应的反应。例如，你与老板要开一次会议，商讨一个你认为很无聊的项目。你与其假装自己急不可耐地要完成这个你自认为非常没有挑战性的任务，还不如跟老板坦白自己的感受。你可以将自己要说明的问题大致地写下来：

我觉得并不是所有的项目都那么令人激动。您能不能将更有挑战性的任务安排给我？这样我可以连带着常规工作，将这些任务都完成。我觉得，向您表达这个看法对我来说不是一件容易的事情，因为我想当一名合格的团队成员。但是，如果我可以在自己喜爱的领域接受挑战，我便可以将自己的能力提高一层。

你不必非得照着你写下来的具体每句话跟对方谈。但是，这个练习却可以帮助你更容易地袒露自己的看法，而且不用担心后果。同时，它也为你带来了将来跟老板做进一步讨论的机会。这么做，也给了你一次向老板展露自己洞察力的机会。如果没有这样的机会，他可能永远也不会知道你还有这样的本领。

承诺向别人道歉，并原谅别人

向别人道歉和原谅别人，就相当于向别人展示你的缺点。在本书列举的所有技巧中，这两种做法也许是最难做到的。向客户道歉，会让你看上去像罪犯跟警察认罪。原谅那个向客户发脾气的团队成员，看上去有违你的意愿——特别是，你本来就想炒这个人的鱿鱼。但是，这些反应其实来自于你自己的不安全感。不管你的动机是什么，请记住一点：最有成果的人际关系不是一次性建立起来的，而是反复建立起来的。

认错和宽容向你在职业生涯中结识的有影响力的人传达了一个信息——你重视他们的感觉和判断。这两种举动建立的人际关系，将是防御或被动攻击办不到的。

为了帮助你学会向他人认错和宽容他人，我列举了一些常见的商业情景。你可以就这些情景，练习一下如何向别人认错和宽容别人：

向别人认错

- ◆ 错过截止日期
- ◆ 走捷径完成任务
- ◆ 没有参加或为一次重要会议做出贡献
- ◆ 与同事陷入浪费时间、毫无建设性的争吵
- ◆ 没有向他人传达一条重要信息
- ◆ 企图假装能完成一项任务，但事实上你缺少相关知识或技能
- ◆ 向他人说出了伤害性的或者十分外行的话

人缘儿——关系在成功中的作用

宽容别人

- ◆ 在升职或加薪中受到忽略
- ◆ 被分配了过多的任务
- ◆ 在你表示对某项任务感兴趣而想尝试时，遭到拒绝
- ◆ 没有成为委员会一员或团队成员，但你却觉得自己就应该成为其中一员
- ◆ 受到了不公平的批评（至少在你看来是这样），或当着大伙的面受到了不公平的批评
- ◆ 被要求再找一个人来帮助你完成一个项目（这里的隐含意思就是，你光凭自己的力量完不成这个项目）
- ◆ 对方迫于压力，粗暴或冷冰冰地对待你

缩短距离

　　许多历史系的学生都读过或者了解约翰·F.肯尼迪（John F. Kennedy）是如何应对猪湾事件（Bay of Pigs Crisis）的。作为总统，他会背负着将国家卷入与苏联发生核战争的罪名。然而，他本可以在事发之后做出政治上的反应，为自己的行为辩解，将人们的注意力从他的决策上转移开，或者将其他人作为事件的导火索给揪出来。

　　相反，他承认这是他的错误。不过，比他承担责任更令人惊诧的是，在此之后，他的民众支持率反而上升了。

　　其实，承认错误可以产生积极的反应。这恰恰与很多人的想法正相反。现在，如果有人总是犯错误，然后再不断地公开认错，这

其实不管用。大部分人都是偶尔犯错。承担过错其实并不会令我们显得有多无能。

其实,事情远不是这样。我在此引用了约翰·F.肯尼迪的例子,因为他是这个国家最伟大的领袖之一。如果他总是做到完美无瑕的话,他也就不会有这么强的领袖气质了。约翰·肯尼迪在我们眼里是个有血有肉的人物,因为他在犯错误的时候勇于承认错误。

许多业务关系都从谨慎和迟疑不决开始。人们在最初建立人际关系的时候,彼此间都会保持一定的距离。这时,双方间缺乏熟悉感和信任感。建立一个真正的合作伙伴式的人际关系,需要消除这段关系中形式化的东西。当你暴露了自己的缺点,承认所犯的错误,并坦诚地对待别人时,你可以很快地缩短彼此间的距离。

你不用像约翰·肯尼迪那样,因为领袖般的气质而拥有良好的人际关系。然而,你却需要坦诚地对待别人。其中,你所要做的是暴露你的缺点以及承认错误。这都来自于诚实的自我检讨,以及自愿通过诚实做出的风险投资。这会增加别人对你的信任感,使你有优秀的工作表现并获得利润等多方面的正面收益。

提供诚实直接的反馈信息

人缘儿——关系在成功中的作用

在第一章《做一名合作伙伴，而不是服从者》中，我们谈到了一些场景和技巧，它们可以帮助你从服从者过渡成为一名合作伙伴。虽然我们仅大致地探讨了一下基本观念，但是这对你如何迈出下一步来说是至关重要的。在本章中，我们将进一步讨论合作伙伴理念的各种具体行为。

你该如何为他人提供反馈信息呢？这对大多数人来说都是一个挑战，特别是当他们试图跟一些有影响力的人交流的时候。你可能有很多话要对你的老板或者客户说，但却不知道如何表达自己。也许你会等好几个星期甚至好几个月以后才鼓起勇气告诉他们你的想法，但是你却把这个事情搞砸了。你太紧张了以至于当你最终表达的时候，你表现出过于爱发牢骚、小气、一副跟对方有深仇大恨的样子或者表现得很傲慢自我。你的反馈信息有缺陷，这就是为什么当你给予反馈信息的时候，对方会变得有防御性或者很生气。这种反馈信息会损害人际关系，而不是促进人际关系的发展。

或者，你可能从来就没有为别人提供过反馈信息。当你表现得彬彬有礼，并向对方提供他们需要的信息时，你只是停留在表面问题上而已。你从来没有向你的老板或者客户表示过你是怎么看待你们间的关系的，以及你们可以采取哪些措施来促进这段人际关系的发展。你们之间可能会存在一些问题，这些问题可以帮助你们提高工作效率，但会涉及一些难以启齿的话题。你也许从来就没有向你的老板或者客户指出过这些问题的所在。结果就是，你们之间的关系根本无法上升到一个新的高度，就算你们保持着非常友好的关系。

反馈信息是很难给的，这是可以理解的。你的老板或者客户对你的薪水和职业发展有直接的影响。何苦自找麻烦呢？何苦要冒险告

提供诚实直接的反馈信息

诉他某个不顾后果的做法其实正在破坏项目进程呢？何苦要冒着激怒他的风险向他指出他所犯的错误呢？信息是很难提供的，以建设性的方式提供反馈信息甚至更难。有时候，当人们开始表达自己想法的时候，他们会被自己的情感牵着鼻子走，于是他们就越过了本该提供的反馈信息而直接爆发自己的情感了。

如果你希望建立起能够取得成果的人际关系，那么以正确的方式提供反馈信息就是关键所在。如果你知道什么话该说以及如何说，那么你就应该相信你的诚实与洞察力会得到他人的重视。但是有一点是你必须要克服的，那就是你要理智地说出心里话。

关于反馈信息的要求

我不会告诉你诚实地向老板提供反馈信息是一种愉快的经历，特别是当你第一次在建立起的人际关系中给出这种反馈信息时。你会感到焦虑；你的脑海中会不断地闪现出最糟糕的情形。你会想出各种理由尽量不告诉你的老板，他这么挑剔不仅很讨厌而且会妨碍工作。

同理，当你确实决定向他说实话的时候，你要想控制住自己的话，这也是一件难事儿。你那被压抑许久的怒火还有挫败感会以很多消极的方式表现出来，这其中包括由于激情、愤恨、你的能力与成果严重失衡等产生的失控情绪。

向老板、领导、指导者或任何处于权力地位的人说实话看上去可能与常理相反。你害怕自己要表达的信息可能会产生不好的效果。这种猜测会影响你在表达思想时所采取的方式和态度。

上述这些都会阻碍你向他人提供诚实直接的反馈信息。不要再让

人缘儿——关系在成功中的作用

这样的情况发生了。你可以迫使自己站在对方的角度看待这个问题。如果你是对方的话，你希望自己的下属粉饰事情的真相么？你希望你的供应商向你隐瞒一些关键细节信息，就因为他担心自己如果向你透露了这些消息的话，你可能会心烦？你当然不希望看到这样的事情发生。你知道如果对方向你隐瞒你想知道的所有信息，你的办事效率就会受到影响。

当我向大家讲述这个问题的时候，听众中总会有人举起手来辩解道："你不了解我的老板。"他会继续解释说自己的老板如何地不按常理出牌，脾气是如何地糟糕、做事又过分地吹毛求疵或者就是个神经病。你怎么能跟对这种人说实话呢？

如果有人确实是爱发神经或者做事太龌龊，你又已经在他手下任职了有一段时间了，我会首先问你为什么会给这种人卖命？通过进一步的培训与评估，我发现大部分的老板和客户只是表面上看上去如此。他们可能从表面上看总是很暴躁或者固执，但是他们和你一样也希望建立能够产生成果的人际关系。

我有一个顾客，名叫保罗（Paul），他看上去让人很敬畏。他是一个讲话强硬的纽约人，说话比较喜欢讽刺挖苦人。曾经一度，我决定跟他谈谈关于我的付费问题。这都已经两年没有发生过变化了。我们的合作关系还是很愉快的，而且我也为保罗的公司做了不少贡献，因此我觉得跟他谈论这个事情不是很过分。

然而，我很焦虑自己到底要不要向他提出这个问题。我担心一旦我向他提出这个问题，我就会激怒他，而且很有可能他会裁掉我。我想过如果我稳妥地处理这个问题的话，事情就会变得容易得多——毕竟他是我的一个大客户。于是，我开始运用自我对话这个方法。它帮

提供诚实直接的反馈信息

助我理清了思路，清理了横在保罗与我之间的障碍。我的自我谈话总结起来就产生了下面我们之间的对话。

我们通常对自己说："不"，直到我们给了对方一个说"是"的机会。

我深呼了几口气后，走进了保罗的办公室开始了那次谈话。我们在刚开始的时候谈了谈其他的一些事情，最后我向他说："保罗，我很好奇想知道你来年的预算是多少。"

"为什么？"他厉声问道，"你想提高自己的费用么？"

"噢，我在想咱们是不是可以讨论一下这个问题，看看有没有这样的机会。"

"你看，如果你要价过高，可能会失去跟我们合作的机会了。"

我当时真的想就此打住这个话题，来减少我的损失。但是我却越发感到我的要求是合理的，我也不会就此罢休除非我达到目的。

"我的目的不是抬高价格使得你们对我不再问津，"我说，"我的目的是将你们公司作为我的客户维持住，并继续提供高质量的服务。但是我是个商人，我也想最大化我的收益。"

我也不确定到底是我的话还是我的表达方式起了作用——也许是两者都有吧——但是我可以明显感觉到我的话带来的效果。保罗的面部表情松弛了，他轻轻地点了点头，并问我是怎么想的。我给了他一个数字，他反馈给我一个小一点儿的数字，后来我们都做出了妥协，双方最终就一个我认为很合理的价格达成了一致意见。

提供诚实直接的反馈信息并不是说你脆弱。你需要鼓起勇气，驱散所有那些会让你躲避正面冲突的不安情绪。正如老牛仔约翰·韦恩

人缘儿——关系在成功中的作用

（John Wayne）所说："勇气都被吓死了，但是人们还是需要它。"

正如你能猜到的那样，向老板或者客户坦承你的看法是我们在第二章《大胆展示缺点》中所讲的内容。就算人们在一段关系中会怕这怕那，给予和索取还是不会停止。这也是人际关系能够上升到一个新阶段并为你带来你想要的结果的唯一方法。

窍门与技巧：如何与有影响力的人坦诚相待

你的老板可能会给你提供足够的反馈信息，但是他大概不希望你会还这个人情。这并不是因为他对你要说的话不感兴趣，而是因为大部分人都相信反馈是单向的。如果我们是老板或者客户，只有我们会跟对方评价他们的表现如何。

因此，要不要做这个发起者完全取决于你。你自己有责任告诉你的合作伙伴事情的真相。别等他先开口。别跟你自己说你先开口不合适，因为你处在"向下"的位置，而你需要"向上"发展。

不过，你如何行动才是关键。例如，在我和我的客户保罗谈论我的收费问题时，如果我表现得过于傲慢自大或者太强势的话，他就不会接受我的反馈信息。其实，在工作中还是有很多很好的方法来供你选择并提供反馈信息的。下面我要向你介绍三种绝佳的方法，以供参考：

1. 选择最佳的时间
2. 准备、计划
3. 统一认识

选择最佳的时间

如果你的老板正忙着完成一个项目，随后还要赶飞机的话，

提供诚实直接的反馈信息

你要在这个时候闯进他办公室跟他大谈特谈，显然不合时宜。或者，在你的老板或者客户因为一个即将召开的关键性会议或者某个私事忧心忡忡的时候，你这个时候找他也不明智。虽然你特别想跟他谈论你的想法或者感受，我还是请你按照如下的方式思考一下时机问题：

◆ **找到最佳的时机去找目标对象谈话。**这并不是尽量避开不合适的时间的问题。最关键的问题是你要找准对方在什么时候最能够接受你的反馈信息。你要学会判断对方到底是喜欢早上忙忙碌碌，还是下午的时候情绪最佳。搞清楚他的日程安排。他喜欢什么时候去休息一下？他喜欢在什么时候看看他办公室里的人（对比他什么时候忙得不可开交而不会去办公室看看）？

◆ **问："这是最佳的面谈时间么？"然后再开始谈话。**给对方能够重新安排自己日程的机会。即使你问的时候他刚好有空，这样问也会向他传达了一个信息，那就是你考虑过他的日程安排，而不是只考虑你自己方便与否。

◆ **提前向他解释你需要多少时间。**这对你来说是一次很重要的谈话，因为你需要对方在这次谈话中对你保持精力集中。你不希望他在跟你谈的时候经常看手表，或者跟你说他在等着接一个电话或者开一场会。如果你没有足够的时间向他表达你的看法，那么就重新安排一个时间。

◆ **提前向他解释这次谈话有多重要。**如果你的老板或者客户不了解这次会议的重要性，那么会发生两种可能。第一种，他可能不会十分地关注你要说的话。在这种情况下，他会很敷衍地回答你。第二种，他可能会觉得自己只要象征性地对你点点头或者说他理解，就可以安抚你了。除非他认真考虑你说的话，否则他不会朝着你希望的方向给出答复的。

◆ *消除干扰*。我知道这不是一件容易的事情。你的合作伙伴也许责任在身。电话响了，计算机显示有信息来了，或者你们坐那儿谈话的时候有人突然闯了进来，这些都不是你能控制的。但是，你就算不能根除这些干扰因素，也可以尝试着削弱它们。你可以提出来说希望对方别接电话。甚至是，你可以将面谈安排在你自己的办公室，这样你就可以控制当时的环境了。抑或，你可以将面谈安排在午饭时间，找个安静的地方进行面谈。

准备、计划

别即兴发挥。在之前的一步中，我建议你向对方表达面谈的重要性。你也要让自己清楚地认识到这点。这可不是什么临时性的谈话。花一些时间和精力搞清楚你想让谈话朝着哪个方向发展。特别是：

◆ *练习一下你要说的话*。演练：将你的话录下来。它们听起来如何？你听起来是不是给人感觉过于强势了？还是有点儿指责的意思在里面？抑或，你是不是听起来太过温和了？最佳的语调永远都是自信而谦逊的。一般来说，在开始的时候向对方问一个能消除对方戒心的问题或者话题，是比较明智的做法。好好想想你该如何开头。比如："您能允许我开诚布公地跟您谈谈吗？"或者，"我一直在

提供诚实直接的反馈信息

思考一个问题，但是我在犹豫要不要告诉您，因为我担心您的反应。"

◆ 要简明扼要。别像聊天似的，但说话时语速也别太快。因为这会让你看上去好像你要赶紧说完然后赶紧走人一样。你要知道，在你第一次和对方交谈的时候，你的焦虑情绪可能会让你失去控制，于是一下子就说个不停。那么，你在说的时候就要有目的地进行停顿，有意识地保持住你的语速。

◆ 给出解决方案，而不仅仅是提出问题。记住，你不仅要说出问题之所在，还要指出该如何解决问题。

◆ 要专业。这意味着你要学会控制住自己的情绪，要简明扼要地表达你的意思。切忌装模作样。如果你的情绪要爆发了，那你就要提醒自己你希望别人将注意力始终停留在你要表达的内容上。如果你过于愤怒、焦虑或沮丧，对方可能就会记住你的这些情绪，而不是关注你要说的话。

统一认识

很多时候，人们在与别人交流自己的反馈信息时，总是习惯把它当成一次演讲，而不是与对方进行正常的交流。那么无论你什么时候表达自己的反馈意见，别人都有可能会误会你。因此，你需要好好判断一下对方是否真正明白了你所说的话。你可以通过很多方法来实现这个目标，比如：

◆ 询问对方，看他是否明白了你试图表达的意思。你不能使用那些暗示他很愚钝的词语。相反，用一些后续问题来搞清楚他到底是不是明白了你的意思。例如，"当乔越过我直接接手那些项目的时候，你知道这让我感到多不高兴么？"或者，"你明白我有多沮丧么，特别是这事情在上个月都连续发生了四次了？"列举一些具体事例，能够让对方就你提供的反馈信息给出细节性的回应，而不是含糊不清地将你关心的内容进行重述。

◆ 阐明信息断层。人们总是会将接收到的反馈信息理解错。别责备你自己。毕竟，交流不是一种完美的艺术形式。有时候，人们喜欢听他们愿意听的内容。如果你发现自己的老板或者客户得出的结论往往是你绝对不希望看到的，那也别慌张。相反，你可以礼貌地向他做出暂停的手势并摇头。你可以说："我理解你可能会那么想，但那其实不是我的本意。其实我真正想要说的是……"

◆ 朝着你希望的方向与对方进行交流。最理想的状态是，你们的谈话应该按照你所希望的那样，帮你从对方那里得到相应的保证。如果你暗示他说，你已经准备好接受更有挑战的任务，你希望他承认这个事实，并能对你说他会在接下来的几个星期内给你布置这样的任务。至少通过说出你希望得到的结果，你可以为对方提供一个谈话方向，如果他可以选择的话。

◆ 从你收到的反馈信息里得到新的反馈信息。在给别人反馈信息时，很多专业人士都会犯的一个严重的错误，那就是他们会很不明智地采取自言自语的方法。但是在提

提供诚实直接的反馈信息

供直接坦白的反馈信息时,你得自己去征询并接收反馈信息。比如像"那么你觉得我的建议如何?"或者"对此你有没有我不曾听说的其他想法?"这种开放式的问题。

记住,在你向他人坦率直接地交流反馈信息的时候,如果你希望对方能够做到思想开明,那么你一定要练习这种方法。

跟进法是另外一个工具。这种方法可以帮助你让面谈奏效。如果针对反馈信息的面谈仅是一次发生的行为,那它就不管用了。如果你将提供反馈信息当成一种习惯,它会在你的工作与职业发展中起到很大作用。但是,我们往往很难做到这点。如果你只说出心中的所想,说完后感觉好受了,但是却并不觉得要跟进,那么你就要监控随后要发生什么事情,并再次提供反馈信息。你应该有规律地安排一些检查性面谈,双方可以针对彼此对问题的认识慢慢达成一致。换言之,凡是涉及反馈信息的时候,双方是不是就问题能有一致性看法?问题解决了么,还是有人仍旧认为有问题存在?如果在第一次面谈中,你的老板同意你应该加入高级团队,你觉得这个高级团队是你跟老板谈论的那种高级团队么?检查可以帮助我们随时追踪问题的进一步发展。

尽管检查性的面谈有实际价值,这种面谈对人际交往也有价值。它说明了你会认真对待反馈信息,并坚持改善工作表现以及你周围人的表现。这样,人们会对你告诉他们的内容做出积极反应。但是,除非他们承诺会好好思考你对他们所说的话,否则反馈信息一点作用都没有。一旦反馈信息成了面谈的常规理由和主旨,双方的工作表现就会得到提高。

我还要强调的是,表现评估以及其他形式的年终或半年性评估是不能替代检查性面谈的。人际关系是动态的,它每天都会发生变化。

人缘儿——关系在成功中的作用

如果你将所有的事情都积累到年底一口气说完，你将花过多的时间回忆以前的业务——或者你根本就没有机会谈论真正重要的内容，相反你将精力都花在六个月之前发生的事情上了。这些检查性面谈不必进行很久——花几分钟也许就够了——但是你要保证至少每个月安排一次这种面谈，这样你就能够坚持提供反馈信息。

解决困难：当反馈部分不尽人意时该如何处理

与有影响力或有权力的人坦诚相待并不总是那么一帆风顺。有时候，对方的反应也许会妨碍你实现自己的目标。人们有时会对你的坦诚感到措手不及。他们也许会觉得你对他们说的话威胁到了他们，因此他们会做出防御性的反应。在其他情况下，你向对方交流反馈信息的方式方法也会使你更难实现既定目标。从你的语调到你的肢体语言，这些细节性的东西都会向对方传达不同的信息。也许就因为这些信息，你就不小心以令人不愉快的方式向对方传达了那种信息。

不管这是由于你还是对方造成的——或者你们双方都有可能——我还是要向你介绍几个常用的解决困难的场景，并附上解决办法供你参考练习。

场景 1

当你第一次与合作伙伴面谈时，你试图做到开诚布公，可是对方却对你厉声斥责。尽管你本意是好的，你最后还是将自己与老板或者客户间的距离进一步拉大。

如果你碰到这种情况,你的第一反应也许是马上撤退。以后你再也不会采取开诚布公的方式与别人交流反馈信息了。对方的做法让你感到震惊。你会思量:"我试图以一种坦诚直接的方式向他讲明真相,结果却激怒了他。"你会告诉自己再也不要让自己处于那样的窘境了。

即使这样,你还是需要继续那样做。只是下次你再问的时候,要搞清楚他为什么会生气。你可以说:"那天我告诉你某件事以后,你似乎很生气。是不是因为什么事情,而我又不知道的?"

千万不要忘记一点。尽管对方非常成功或者看上去非常自信果断,他其实很容易犯错误,为人多疑,而且并不总是很确定自己要做什么。他表面的反应也许是为了掩藏内心深处的不安,而且这也许跟你完全没有任何关系。人类是复杂且情绪化的生物。虽然他们处于权力地位,但这并不意味着他们就不具有人类的各种情感了。你的老板也许会因为你的反馈信息刺痛了他而对你厉声斥责。他并不是生你的气,而是生他自己的气,因为他觉得自己在某些地方显得软弱或者有不足之处了。我在很多企业中都发现了这种情况,就算是级别最高的领导也不能幸免。

给对方一些时间来打起精神,然后再找他谈谈究竟是什么原因让他如此生气。他很有可能冷静下来以后感到很糟糕,因为他把怒火都发泄到你身上了。这样,在你们第二次面谈的时候,他会更愿意接受你的反馈信息,也更能认真听取你的意见。

场景2

当你坐下来与对方谈论你关心的问题时,你发现对方只是点头表示认可你的看法。对方听到了你的想法,但是并没有采取任何行动。随后你的老板或者客户还像以前一样。他们的这种做法让你感到他听到了你的想法但是并没有听进去,就好像他们根本就对此不关心一样。

对方可能确实关心你的想法,但是并没有意识到所发生的事情究竟对你影响有多大。也有可能你的老板受到其他事情的干扰,并没有注意到你的反馈信息。不管是什么原因,我要在此建议大家通过练习"机智的坚持不懈"来克服困难。

如果你结婚了或者处于任何需要严肃对待的人际关系中,你可能已经运用过这个策略了。你告诉你的配偶说这周末你需要和他抽时间去商场买一台新的洗衣机。你的配偶可能一开始对此没有做出什么反应,或者找个站不住脚的借口说他去不了。但是,如果你三番五次巧妙地对他提起此事,他很有可能就答应下来了。如果你在提起这件事情的时候采取了不屈不挠而且强势的态度,你听上去就像在唠叨,这就很有可能会适得其反。

你可以试着在其他场合向对方提起你的反馈信息——例如在午餐的时候,而不是在办公室里。试着在其他的时间提起此事——在一早刚到办公室的时候,而不是等到快下班的时候。你在提出反馈信息的时候,态度要友好,但是要让对方知道这对你来说是一件大事,你不想让机会就这么随随便便地溜走了。面对面的交谈是最好的方法。但是如果对方没做出任何反应,那你就得试着发一封简明扼要的电子邮件来说明你的看法,并对他们没有给出任何反应的情况,表示出你的担忧。还是那句话:机智的坚持不懈,才是关键。

提供诚实直接的反馈信息

场景3

你跟对方交流反馈信息，但是他却只提出你究竟哪里做得不好或者不够，而不是对你说的话做出反应。

开诚布公地交流反馈信息与向彼此开火是不一样的。别将这种交流反馈信息的面谈错误地当成是发牢骚的地方。如果你一味地指责对方，那你就把这次面谈变成了一次发牢骚的机会。这可能并不是你的本意，但在对方眼里你就这样被误解了。当人们将交流反馈信息的机会变成了发牢骚的地方的时候，他们通常会犯下面这三个常见的错误：

1. 他们的语调简短粗暴，充满敌意或者是在抱怨。

2. 他们只关注了自己，而没有将自己说的话放到人际关系这个环境中去。

3. 他们不倾听对方说话。

如果你觉得自己犯了如上一个或者所有错误，下面四个解决办法可以帮助你不把交谈对象激怒：

1. 采取友好、自信的语调。

2. 从协作的角度谈论问题，探讨双方应该如何合作来解决问题。

3. 向对方表示你在听他讲话，而且你重视你所听到的内容。

4. 如果你知道对方在你说话时有打断你的意思，你可以从一开始就向他提出："我希望你能花一分半钟完整地听完我要说的话，再做反应。"然后，你要在这一分半钟内尽量表达清楚自己的观点与看法。

人缘儿——关系在成功中的作用

好处：反馈信息如何影响人际关系

在谈论具体的好处之前，我要再提醒你一次。虽然我已经强调了你在"向上管理"的时候需要做到开诚布公，但是当你的老板或者客户用同样的方法对待你的时候，你也要接受别人这样做。这不是你一个人的事。如果处于这段关系中的双方都能坦率对待对方的话，双方间的关系才能有所改善。如果你允许你的老板对你说任何事，这可以帮助你学习并取得进步。如果他也允许你这么做，便会为你们之间的关系带来极大的好处。自我责备不会再出现，双方都可以从对话中获得更多的好处。

谨记彼此交换反馈信息吧。下面让我们讨论一下几个关键的好处：

个人诚信

我跟各种企业中的人打交道已经有很多年了。这些人有很响亮的头衔，或者善于辞令，但是他们看上去就像演员而不是正常人。他们缺少真诚这一品质。相反，他们试图糊弄他人——以及他们自己——不让别人知道他们究竟是什么样的人。他们喜欢扮演角色，觉得自己有领袖气质，但是人们还是认为他们是骗子。他们可能会觉得自己充满智慧而且做事深思熟虑，但是他们的同事还是会认为他们做事过于谨慎了。

如果人们向你提供开诚布公的反馈信息，你很难再继续糊弄自己。如果你有一个缺点，缺少某些知识或者技能，你得面对这些缺陷，而且要对此采取措施。你不能造假，因为躲是躲不了的。结果就是，这段人际关系迫使你展示出真实的自我。这对你的工作或者职业发展来说，是一笔不可多得的财富。如果你向他人展示出真实的自我，人们会尊敬你。通过面对真实的自我，你还可以获得一些权威。通常这样做的结果可以加大你对大家的影响力。

戴尔·温布罗（Dale Wimbrow）在1934年的时候写过一首诗，名字叫做《镜中人》（The Guy in the Glass）。诗歌的大意就是：当你在照镜子的时候，你实际上在接受他人的评判。如果你能坦诚面对自己，你会变得坚强。当你在给他人反馈信息的时候，而且他们也给你反馈信息的话，你们二人都是胜利者。正如这首诗所述：

"他就是（镜中之人）那个你需要取悦的家伙，不要关心其他的，
因为他就是那个会和你走到最后的人，
你已经通过了最危险、最艰难的考验。
如果那个镜中之人是你的朋友。"

自由交流想法和信息

如果你对某人坦诚你的想法和感觉，你们就很容易诚实地看待任何事情，无论那是坏消息还是引人深思的想法。在突破性人际关系中，人们消息非常灵通。他们会确保对方熟知发生在企业内部的所有相关事件、趋势以及变化。

一个不可或缺的资源

你听过"他/她是我的得力助手"这个说法么？它暗示了某人是不可或缺的，我们可以在任何时候依赖这个人。如果双方开诚布公地交流反馈信息，那么任意一方对对方来讲就是一个得力助手。反馈信息巩固了双方间的关系。如果你知道自己可以永远依赖某人帮助你摆

人缘儿——关系在成功中的作用

脱困境或者面对难得一见的机会,这对你来说就是一个极大的好处,因为这会帮助你们在双方之间建立起忠诚感、信任感和尊重。

获得极大的成功

下面我要用杰克(Jack)的故事来结束本章就反馈信息的讨论。他是一家中型家族产业的老板,在46岁那年从父亲(最近刚刚去世)那里接手了家族生意。他雇佣了年长他10岁的艾丽斯(Alice)当他的行政助理。艾丽斯曾经为与他家企业同等水平的竞争对手工作了许多年,但是却在裁员中遭到解雇。一开始,杰克为自己雇佣了艾丽斯而感到幸运,就因为她了解这一行业的来龙去脉,而且她工作起来井井有条。

杰克在刚刚担任CEO的前几年里总是感到有些迷茫。尽管他有MBA的高学历,以前也在世界500强的公司里当过高管,但是他在自己的家族企业中仅仅工作过5年。他在有些时候会感到自己就好像在自己不习惯的环境中工作一样。尽管他手下的有些雇员是可靠的人,但是也有一些人是公司的老员工了,这些人似乎总能不费力气就取得进展。杰克并不是很确定这些人是不是真的对公司的各种问题都很清楚。

杰克在刚来公司的那几年中,告诉了艾丽斯一个他想了很久的决定,并问她觉得如何。艾丽斯是个意志坚定的人,而且从来都是直言不讳。她会告诉杰克他在有些时候对事情是不是分析得过多——这是杰克的一个缺点——或者一旦他下了某些决定的时候,他是否过于担心这样的决定会伤害到老员工。渐渐地,杰克发现自己越来越依靠

提供诚实直接的反馈信息

艾丽斯了。后来,他任命艾丽斯为副总裁,这让一部分员工感到很震惊,他们反对他将一个秘书提拔进公司的管理层。

于是,杰克向艾丽斯传授了基本的商业管理知识。因为她虽然有所在领域的街头式的生存智慧,但是却缺少一些相关技能。杰克也帮助艾丽斯润色了那些她做得不当的地方。在角色转换之后,面对着这位年长他10岁而且对该行业的了解要远超过他自己的女人,杰克有些不太好意思告诉艾丽斯说她需要再好好练习一下自己做报告的技巧。但是,后来杰克觉得自己可以直言不讳地跟艾丽斯谈一谈。他向她解释说,她惹恼了公司里的一部分人;有时候谨慎行事比较好。他帮助艾丽斯记住了在有些时候有些场合下沉默是最佳办法,这远比说错话要好得多。

在杰克50岁、艾丽斯60岁的时候,他担任了公司的董事长,并将艾丽斯提拔为公司的CEO。公司在随后七年中的(直到艾丽斯退休)发展远远地超过了以前,杰克和艾丽斯也组成了一个优秀的执行团队。他们赢得了公司里老员工们的认可,大大提高了公司的业绩。

我讲这个故事的目的,并不是说你要去找公司的CEO,坦诚待他,并寄希望于他能够提拔你为他的接班人。这个故事其实说明了,当人们开始慢慢习惯给对方有价值的反馈信息的时候,人际关系就会上升到一个高度——处于这个高度的合作双方将会取得极大的成功。

从有益的
冲突中获得乐趣

人缘儿——关系在成功中的作用

对大部分人来说，冲突的发生总是一件令人不舒服的事情。在工作中，与老板或者客户发生冲突从来就不是一件容易的事情。随着你一点点地建立起合作伙伴式的人际关系，你可能会担心由反馈信息引起的与他人的冲突可能会毁掉这段关系。当你向别人坦诚地表达自己的反馈信息时，你应该能想到对方可能会给出反对意见。正如上一章所述，听你谈论反馈信息的那个人可能并不会同意你说的话。如果你简单观察一下合作伙伴近期的决定，就可能使你们双方发生冲突，因为你对他的管理风格可能不敢苟同，这当然不会巩固你们之间的关系。但这并不是什么坏事情。如果你朝着更好的方向看：这样做其实可以极大地巩固人际关系。

如果你像大多数人那样，那你在"向上管理"的时候会感觉你像是在处理一件易碎的瓷器。你认为一个观点的不同也许会破坏整个人际关系。你认为一旦你与老板或者客户没有取得一致意见，他会认为你这个人不好相处。

虽然这种冲突令人很不舒服，但这对能取得成效的人际关系来说是至关重要的。我们来自不同的背景，对待事物有不同的看法。因此，一段人际关系中如果没有出现任何摩擦，那么俩人之间一定有人没有说实话。如果人们从来不曾辩论过或者意见相左过，那么双方之间一定存在着一种错误的和谐感。即使开诚布公地谈论事实真相会让我们感到很不舒服，它也值得我们这么去做。最好的想法通常来自各种能够解决问题、把握机会的想法。意见不合、持有异议以及进行辩论往往预示着出人意料的事情会发生，尽管这听起来有些不可思议。《从优秀到卓越》[纽约（New York）：哈珀柯林斯出版社，2001年]的作者吉姆·柯林斯曾经说过，他喜欢自己周围的人总能不断地挑战他，并能够诚实地待他。我相信很多领导都同意他的人生哲学。

但是很不幸的是，很多人害怕得到这种消极的效果，这样能帮他们避免与别人发生冲突，特别是如果这个"别人"是他们的老板、客户或者任何处于权力地位的人。一些人会害怕：如果自己指出一段关系中存在的问题，或者他们在关键问题上挑战老板的权威，然后导致双方发生矛盾冲突，这么做也许会永久地破坏一段关系。也有人担心自己没有权力去与对方发生冲突。他们觉得自己扮演的角色决定了他们作为下属或者供应商，就要与人和平共处，而不是与别人发生冲突。

但事实上，"有益的冲突"往往不会毁掉一段关系，而是可以巩固人际关系。我在这几个字上面加了引号，因为这一概念其实与普通意义上的冲突是不一样的。当你在表达自己的看法时，你要确保自己要传达的信息不会被简单地看作是普通意义上的冲突。这正是有效沟通的关键。如果你在挑战别人的时候采取了错误的方法——错误的措辞、声调或语境——你可能就会破坏这段关系。没有人喜欢自作聪明、恃强凌弱或者总是制造麻烦的人。就算你的意图是好的，你要传达的信息也有可能会以错误的方式被表达出来。脱口说出"我不同意"，或者怒气冲冲地闯进你老板的办公室，然后开始跟他辩论，这些做法都是不明智的。这也说明了你缺乏职业修养和一定的情商。

如果你清楚自己该如何处理好与别人发生的冲突，那么这种冲突就会带来好的效果。为了意识到这点，你要做的第一步就是准确地区分有益的冲突与无益的冲突。

人缘儿——关系在成功中的作用

友善地给出不同意见

这并不仅仅关乎语义学。你可以跟自己的老板就总是变化的问题展开激烈的讨论，并最终收获更加坚固的人际关系——以及更有效的解决方法。问题不是来自于你们之间激烈的辩论，而是来自于你在辩论时采取的激烈态度。比方说，你的老板决定不再雇佣某个供应商了，你认为他的这一决定是错误的，你决定跟他谈谈这个问题。下面有两个方法可供你参考：

场景1

你一听到这个消息就马上冲进你老板的办公室，用手指指着他，以两倍于往常的声调和音量对他说：“我简直不敢相信你居然辞掉了**某某**供应商！我真希望你这么做不仅仅就为了节省几毛钱。咱们已经跟他们合作了3年了。他们每次有生意需要时都会优先考虑咱们，可现在咱们却要甩掉他们。你这么做是不是就因为你讨厌乔？我一直就觉得你不喜欢他，但这并不能作为辞退他们的理由啊。"

结果：你的名誉受损了。你的老板再也不会尊重你了，因为你没有尊重他。鉴于你在处理这件事时采取的态度，就算将来你再有什么想法，你的这些想法也不会再受到老板的重视了。

场景2

当你听到这个消息以后，你去问你的老板看他是否本周内有时间可以跟你谈谈**某某**供应商的问题。你跟他约了一个时间，在当天晚些时候进行面谈。在你走进他的办公室后，你坐下来，先跟他寒暄几句,然后冷静、声调平稳地开始跟他谈论正题:"当我听说**某某**供应商的事情的时候,我感到很失望。如果可能的话,我想跟您谈谈我的看法?(你的老板回答说:"当然,你说吧。")我知道您跟乔处得不是很好。我知道乔这个人有时候很难相处——我自己跟他也有一些问题——但是我想知道如果咱们跟他们断了来往的话,这么做是不是一个错误,因为咱们可能再也找不到比他们更好的供应商了。如果需要的话,您看我是不是可以处理好乔的问题,然后确保我们以一种更加和谐的方法来处理问题?您看如何?"

结果:你的观点站得住脚。你采取了更加坚定的方法,因为你有良好的职业修养和交际手段。在将来,你的老板在没有听取你的意见之前,是不会轻易做出此类决定的。

无益的冲突与有益的冲突

第一个例子就是无益的冲突,第二个例子是有益的冲突。两者的区别似乎很明显,但我有几点需要说明:

无益的冲突

◆ 缺少对对方的动机或者优先考虑的事情表现出应有的尊重

◆ 提出片面的意图;你仅仅想让对方明白你的观点

◆ 说话声音过大,肢体语言带有敌意

◆ 将论点私人化

◆ 一定要在谈话结束的时候争个你输我赢

人缘儿——关系在成功中的作用

◆ 在对方说完话之前就打断他

有益的冲突

◆ 尊重对方的看法和意见
◆ 对对方说的话保持虚心的态度和持久的兴趣
◆ 使用中性的声调和肢体语言
◆ 充满激情并令人信服地陈述自己的立场（不以恼怒或责难的态度说话）
◆ 在谈话中采取双赢的态度，对问题的解决方法有多种选择
◆ 简明直接地陈述自己的观点
◆ 整个谈话过程中保持对对方的尊重，态度职业化

隐藏在这些特点后面的决定因素就是态度，它也决定了你将来会遇到有益的冲突还是无益的冲突。有些人会有意识或者无意识地制造冲突，因为他们为人好斗。在他们与别人交往的时候，大家能感觉到他们易怒、不尊重人而且好发牢骚。遇到有益冲突的人们能够很好地处理好他们感受到的愤怒、沮丧或者其他各种消极情绪。他们在走进老板办公室的时候考虑到了他们老板的感受。他们真的很想知道老板是如何做出一个看上去判断错误的决定的。他们并不想跟自己的老板争执或者向他们抱怨，他们只想了解对方的想法。在这种情况下，他们希望能够找到一些共性。

找到共性

我曾经培训过一家大公司的 CEO 和 CFO（首席财务官），但他

从有益的冲突中获得乐趣

们当时正努力改善双方间的关系。尽管他们在一起合作得很好,他们明白如果他们可以改善双方之间的关系,就可以更好地合作,从而带来更大的利润。他们平静恭敬地向对方解释都有什么原因在工作上拖他们的后腿。CFO 向 CEO 说他通常口齿伶俐,风度翩翩,这让他看上去好像就喜欢听到好消息。"可是事实是,这世界不是完美的,"CFO 告诉他。"我经常不得不跟你促膝长谈,而且我真的无法确定你是不是真的接受得了我要说的话。"

CEO 在听了 CFO 的话以后,感到很吃惊。他说他真的没有意识到自己积极的态度对两人之间的关系产生了负面影响。他后来又说:"你知道么?你有时候确实态度有些消极了。我意识到你的谨慎态度也许可以用于金融领域,但是有时候你的态度确实挫伤到了我,而且我也曾试图躲避你。"

他们两人的谈话并不是理想的那种有益冲突,至少按照我的定义来说不是。那次谈话变得有些私人化了,而且还有怒气伴随着谈话而生。但是总的来说,他们能做到尊重彼此,双方都希望产生双赢的结果。在谈话的时候,双方也都能坦诚、简明地把问题说出来。结果就是,他们确实去倾听对方的谈话了,并开始明白各自不同的观点。CEO 明白了 CFO 的工作就是保护公司不会遇到最坏的情况,因此他永远不会时时刻刻地保持积极态度。CFO 也慢慢明白了 CEO 的积极态度对于他对公司的领导来说是至关重要的,因为无论公司情况好坏,他这么做都可以鼓舞并激励员工前进。

在谈话要结束的时候,他们达成了一致:CEO 表示他不会在坏日子里躲着 CFO,CFO 也表示当他有坏消息的时候,他会对此给出可行的解决办法。

人缘儿——关系在成功中的作用

尽管 CEO 和 CFO 在谈话之前已经共事了 15 年，那次面谈帮助他们将双方的关系上升到了全新的高度。他们开始更加坦诚地交流意见，这样做使得双方找到了解决艰难问题的方法。

但是如果……的话

当我建议客户去面对他们的同事或者老板的时候，他们总会找各种各样的理由，推说会有这样或者那样的绊脚石。下面咱们一起看看几个常见的理由，以及一旦这些理由适用于你的人际关系，你该怎么办。

如果冲突变得私人化了怎么办？

如果你怀疑谈话开始变得私人化了，那么你就要放慢谈话速度。你需要控制自己的谈话方式，这样你就不会总是指责别人、向别人发牢骚或者一味地为自己辩护。同样，如果对方开始变得私人化，你应当尽力将谈话内容引回到当前讨论的问题上。诚然，这不是一件容易做到的事，但是如果你不做出相应的反应，大多数人也会慢慢将话题转回到当前问题上。一旦你成了受指责的一方，事情就会变得糟糕了，这样你就只能通过反驳对方的指责来提出更多要求了。

如果我的话伤害到对方怎么办？

无论你处于何种地位，这都是一个非常常见的借口。下属们不想让他们的经理感到自己工作做得不好，没有好好领导下属。供应商不想让他们的客户觉得自己被别人操控了或者受别人压迫了。在所有这些情况下，每个人都重视他们与别人的关系。他们担心一旦发生冲突对方会觉得受到了伤害，甚至是比他们自己都要更受伤害。

一旦你觉得谈话可能会发生冲突，你可以通过说"我希望咱们能够不带着愤恨的感情结束这场谈话。希望我们都知道对方是可以信赖的"这样的话来表明你的意图，这样你可以消除不稳定因素。你从一开始就表明自己希望维持和谐的氛围，而且能够为双方所持的不同看法找到一致的解决方法。类似以上这种积极的表述可以使你要说的话变得更能让人接受。这样可以告诉对方，看法上的冲突不是一个人单方面的抱怨。相反，你的目标是改善关系，并确保双方在结束谈话的时候都知道大家花时间进行这次谈话是值得的。

如果事情变得无法控制了该怎么办？

这个问题背后的原因就是，一旦你们双方开诚布公地进行交谈，你们的讨论可能会变得热烈，其中一人或者你们双方都可能会说出自己以后会后悔的话，这可能会毁掉一段关系。冲突的发生并不总是理智冷静的交际行为。事情可能会变得激烈起来，但这并不意味着伤害别人。你们双方就算观点不同，也大可不必伤害你们之间的关系。你们当然可以大声辩论自己的看法，坚定地陈述自己的观点，并试图找到双方可以达成一致的地方。在有些情况下，这一做法对改善人际关系来说是至关重要的。

一旦交谈失控，事情就会变得具有挑战性了。一旦它变成一场激烈的你赢我输的争论，或其中一方开始说对方的坏话，抑或双方陷入对过去所犯错误的不满中（"还记得去年么，那次你……"），这样你们就陷入无益的冲突中了。

如果谈话偏离了正轨，你完全可以阻止事情朝着不好的方向发

人缘儿——关系在成功中的作用

展。一旦事情变得令人紧张起来,那么就暂停好了。你完全可以说:"我觉得我们现在毫无进展。咱们过些天再继续吧,正好我也可以花些时间来考虑一下你说过的话。"虽然你没有明说,但是你这么做其实就暗示了对方也去考虑你要说的话。有时候,这段时间可以让我们冷静下来,思考一些问题。这样,一旦再发生冲突的话,双方都可以冷静地处理问题了。即使当时你们双方都使用了过激的语调或言语使事情恶化,你们要给对方一些单独思考的时间,这可以让你们都冷静下来,然后等到下次见面的时候再好好交谈。

如果对方不接受我的看法怎么办?

与大家一贯的看法正相反,大部分人其实是乐于接受他人的看法的。尽管人们会觉得那些有影响力的人对与地位低于他们的人发生冲突不感兴趣,其实不是这样的。至少,大部分情况下不是这样。

你可能与那些无法很好地处理好各种不同意见或看法的人有工作上的关系。这些人也许根本没有意识到自己那令人无法接近的态度,但是在外人看来,他们的行为做法却很明显。例如,我曾经跟某个公司的一名高级经理合作过。此人眼力非凡而且极其聪明,但是她缺少人际交往的能力。在她面对自己下属的时候,她表现得很不尊重人——当她对下属做的一些事情感到不悦的时候,她会让这些人感到很窘迫,她甚至还会羞辱他们。另一方面,她对直接面对自己的下属表示完全不感兴趣。她在自己关着的办公室大门上挂了一个标语牌:"勿扰!"这充分证明了她有多么地不喜欢直接面对别人。

虽然有影响力的人们更喜欢对抗别人而不是被别人对抗,但大部分管理人员确实意识到了双向对抗的价值。如果他们对自己所处的地位感到自信愉悦，他们便会乐于接受别人走进他们的办公室，对他们的决定提出反对意见，或者对他们决定了的做法提出选择性建议。他们通常很想知道自己是否做错了什么事情，或者是不是还有其他更有效的方法来帮助自己实现目标，而且他们觉得越早知道越好。

你可以通过问问你自己下面的这些问题，判断你的老板或者客户是否乐于接受他人的意见：

◆ 他是不是很自信？他对自己作为一个个体兼职场人，是否感到很有安全感？

◆ 他是不是表明了自己既希望听到好消息，也希望听到坏消息？他是否透露过自己乐于接受实话实说这种做法？

◆ 你是否在过去与此人发生过意见相左或者起争执的情况？你是否观察到其他人挑战过此人？此人对这种情况的反应一般来说是否是积极的？

有益冲突的步骤

你可能会觉得那种典型严厉的老板才是最难对付的人，但是事情并不总是这样的。与你喜欢并尊敬的人发生冲突要比与那些很难相处的人相处好，更具有挑战性。与那些跟你关系不近的人相比，你更担心会伤害到那些你关心的人。

不管你与谁发生冲突，经历有益的冲突都不是一件容易的事情。处理好这种冲突的关键就是你要经过一个过程。如果你提前计划好你要说什么，还有你可能会如何回应对方的话，你会更好地处理好将来进行的面谈。为了帮助你实现这一目标，下面我要向你介绍一种五步

人缘儿——关系在成功中的作用

骤的过程。你可以运用这个过程来做好准备，处理有益的冲突：

1. 针对冲突，评测你自己的态度和过往行为

　　一旦你更好地意识到自己究竟是乐于处理冲突还是讨厌冲突，你就能更好地处理好冲突。你可以好好思考一下过去发生过的各种冲突。你是否总是躲避冲突？当你与别人发生冲突，或者别人与你发生冲突的时候，你是不是变得心烦意乱、愤怒、不理智、为自己进行辩解等等？你是不是觉得自己很难处理好与你上面的人发生的冲突，但是你可以很好地处理好与下面的人发生的冲突？不要仅仅依赖你自己的感觉。问问你的同事或者下属在这些情况下你是如何表现的。他们认为你能很好地处理好各种冲突吗？还是说，他们觉得你处理不好冲突？你是否不愿意与人发生冲突，因为你希望自己被别人喜欢？或者，你在不和谐的氛围下处理不好产生的问题？

　　凡事预则立。如果你了解自己遇到冲突后会如何处理问题，那么当你与别人发生冲突的时候，在能够产生冲突的对话可能会影响到你的时候，你就有办法处理好各种困难。一旦你意识到这点，你便可以计划好你能采取的策略。比如，如果你知道自己一看到冲突的苗头或者对方一生气，你就会后退的话，那么你在遇到这种情况之前，可以先演练一下你可能会说的话。

2. 依照你对自己的评估，进行自我谈话

　　你可以跟自己谈论一下你在遇到冲突时会采取的做法。思考一下你为什么会那样做，以及为什么下一回你可能会有不同的举动。锁定你计划好的处理冲突的方式。问问你自己如果你直言不讳的话，会有

什么样的后果；以及如果你保持沉默的话，会有什么样的后果。在某些情况下，沉默也许就是你能发出的最响亮的声音，尽管通常情况下直言不讳带来的后果比保持沉默带来的后果要积极。

3. 试验出别人对你的期望值，并建立起应对规则

你知道如何吃掉一头大象么？每次一口，这样你就不会被大象踩扁。换言之，要有系统地前进。理论上讲，你在发生冲突之前是有机会琢磨出你的合作伙伴会如何处理冲突的。你如果不清楚，还可以通过问他几个问题来试验出他可能会采取的做法："如果我对某一件事情很关心，需要真心地跟您讨论一下，您认为什么时间、地点最好呢？"或者，"如果事情变得不好处理，我对您说的话或者做过的事情有看法的话，您会坦诚地接纳我的反馈意见么？"你应该试验出他们在面对冲突时期望的做法是什么。

你可以根据这些预期做法建立起一些规则。比如，你们双方都希望对方能够不带指责地做到有什么就说什么。一旦谈话变得激烈起来，你可以建议暂停，并重新安排下周再继续谈。

4. 诚实、同情、职业地处理好冲突

你在与人交流的时候，要记住这三个副词。它们可以帮助你在发表自己的看法和你意识到别人对此所做的反应之间，保持微妙的平衡。这是个微妙的平衡，因为你希望做到直言不讳，但是你也想尊重自己同事的需求和价值观。例如，假设你走进客户的办公室，同他抱怨一条新的需求。你觉得大可不必施加这条新需求，而且你明明白白地让他知道了你的这一看法。他回应说，他也束手无策，因为这条需求是他们公司的

人缘儿——关系在成功中的作用

新规定,适用于公司所雇的所有咨询师。你们反复地讨论这个问题,但是他不断地重复同样的理由,而且完全没有让步的意思。在那一刻,诚实、同情、职业的做法就是:"好吧,我明白你的意思。你不打算让步,对不对?这就是你们的最终决定吗?还是说,有什么事情是我可以帮忙的,这样你们公司就会更改涉及我们的政策呢?或者,我下个月再找时间跟你谈论这个问题会不会更好一些?"

最近,我在胜利咨询公司的合作伙伴之一卡尔文(Calvin)和我以及一个名叫查利(Charlie)的 CEO 客户一起吃饭。他们两人已经在一个成功的培训项目中合作近1年了。但是卡尔文认为他们之间的工作关系以及职业成果可以上升到一个更高的阶段。为实现这一目标,卡尔文在饭后对查理说:"你看,有时候我想给你诚实坦白的反馈信息。但是一旦事情变得激烈起来,你总会以轻蔑的态度做出回应。因此,我很犹豫到底要不要给你我认为你应该听到的反馈信息。"查利向卡尔文表示说,他很惊讶卡尔文说出了这样的话。卡尔文说:"哦,你的肢体语言更加证明了我的这一看法。一旦这些情况发生,我们很少有眼神交流,而且你有点儿将注意力从我这里转移,然后忙于处理你办公桌上的事情。"CEO 告诉他:"我喜欢听到坦诚的反馈信息。那么下次我再这么做的时候,你大可忽略,随便跟我有什么就说什么。"简单地让查利意识到这点,不仅能帮助双方做到互敬,而且将经营绩效提升到了一个新的高度。

5. 努力找到事情背后的原因

很多冲突都陷在情况本身。你告诉你的老板他做过的一些具体事情烦扰到了你,然后他简明扼要地讲述了一下你做了什么事情使得他采取那些做法。这很好,但是这样做还是没有触及到事情的本质。你需要琢磨出为什么你的老板会那样做,你也需要解释清楚你的论据。搞清楚事情背后的原因才是改善一段关系的最佳做法。一旦你清楚了客户为什么会那样对待你,并弄明白对方那么做的动机,你就能理解他们了。于是,你就会意识到自己眼中的那个造成冲突的理由不复存在了。我们很容易假设事情背后的原因,但是我们的假设并不总成立。我们通常会因为一些丝毫站不住脚的理由就假设我们的老板不给我们安排重要的任务。但是事实上,他有合理的理由不这么做。

你是否需要证人?

在大部分情况下,在一对一式的面谈中产生的冲突是最奏效的。一旦你们私下进行交谈,你不用担心如果你们当着其他人的面起冲突,那样会使对方很尴尬;你也不用担心自己感到尴尬。一般来说,如果没有听众在场,你们能更容易做到坦诚和直言不讳。一对一式的交流方式也可以促进那种会巩固人际关系的交谈。你们可以谈论那些在过去可能会尽量避免涉及的微妙问题。你们也可以深入讨论以前可能从未讨论过的想法和观点。这是很好的。你应该多进行这种一对一式的交谈,好好利用其优势。

但是,偶尔与团队内的个体发生冲突才是更合适的方法。有时候,这都不是你需要思考的事情——因为你别无选择。托尼(Tony)是我以前的一个客户。他是一家大型建筑公司的董事长。托尼当时与一家医院集团派来的代表洽谈修建一家新医院的事情。他和这名

人缘儿——关系在成功中的作用

代表已经建立起了很好的合作关系,双方刚刚就合作的事情达成一致,而且该代表还邀请了托尼和他的团队向医院呈报他们的计划。

在陈述过程中,该代表开始向托尼的团队问一些问题,但是这些问题挑战了他们的经验以及修建方法。托尼觉得这些问题实在是很侮辱人。他和该代表已经在以前的面谈中单独讨论过这些问题了,而且他们也以合作的方式处理过这些问题。该代表现在却好像是假装做给他的甄选委员会看一样,向这些人证明他的坚韧和远见。最终,托尼受够了。他站起来说:"我原以为咱们可以成为合作伙伴,我以为我们都希望与对方好好合作,做一些大事。很明显,现在你只想对我们计划好的事情指指点点。"

语毕,托尼叫他的团队成员们起立,大家转身跟他离开。

看到这一幕,医院代表很震惊,然后他很快就道歉了。他说他希望挑战每一个团队,但是他完全没有冒犯任何承包商的意思。事情平静下来以后,陈述在双方互敬的情况下重新开始了。3天以后,托尼的团队被授予修建新医院的工程。在随后的几年中,托尼和该代表也巩固了双方之间的关系。

我并不是建议你以这样的方式与你的客户发生冲突,但是这个故事证明了团体冲突的一个用途。托尼陷入了窘境,他需要直言不讳并与客户发生冲突——他和自己的团队在医院董事会面前感到很尴尬,他必须通过与该代表发生冲突来维护他的权力。该代表是个体面人,他仅仅犯了个错误,托尼只是非常戏剧性地指出了这个错误。毫无疑问,如果该代表不是一个好人,他很有可能会出于泄愤从托尼手里将这个工程收回。该代表可能并不认可托尼的做法,但是他明白是自己的做法导致了冲突的发生。当托尼在大家面前挑战他的时候,他向所有人传达了一个信息,那就是如果该代表希望双方能继续合作的话,他的这种行为是不会被大家容忍的。团队冲突清楚地向大家说明了,如果这种冲突发生在一对一式的交流中,是不会产生同样效果的。

如果你在一个团队内发生冲突,听众会夸大其词。有时候你私下里说的话可能不会传到大家的耳朵里,他们会有意或无意地自动不听你的话。在团队情况下,这可就难办了,因为听者数量增加了。我们很难忽略公开表达的看法,因为大家都听见了。

那些有听众在场时发生的冲突可以帮助我们定义人际关系,但我们也会因此而付出一定代价。正如我之前所述,与托尼合作的那名医院代表也许会以结束合作为由来回应冲突。但是托尼认为这个风险值得他冒一冒。一段人际关系应该达到的境界是:你需要大胆地声明什么是你可以接受的,什么是你不能接受的。当然,认真思考一下发表这种看法的时间、地点和对象也是很重要的——你需要明智审慎地使用这个技巧。你也许也会像托尼那样身处一个较难的状况。在这种情况下,你的直觉会告诉你一定要当着大家的面解决冲突,而不是留到后面私下里去处理它。

直接处理疑难问题

尽管冲突对于两个人如何交往来说有着深远的影响,但是持续性的冲突就好比持续性的统一意见一样,对人际关系是没有好处的。如果你们总是针对某些问题争执不休,挑战对方去做得更好或者去尝试不同的事物,那样你们之间的关系也会变得紧张起来。但是,如果你

人缘儿——关系在成功中的作用

能允许别人或别人能允许你发生冲突——如果这已经成为了你们之间关系的一部分——那么你们便可以节省出很多时间，从而提高生产力并实现你们的目标。这是为什么？因为冲突可以使你们开门见山地说话。与其围绕着敏感话题兜圈子或者干脆就直接忽略掉这些问题，你和你的合作伙伴还不如直接去处理各种问题。适当的冲突也可以为引起冲突的一方赢得另一方的尊重。

例如，洛伊丝（Lois）是一家大银行的高级经理。在某个周一的早上，她和同事们走进办公室后，发现公司已经在他们工作的隔断区域内进行了装修改造——他们竖起了一堵墙。可是，这堵墙却阻碍了自然光线从他们工作区域那里的窗户射进来。洛伊丝和她的下属们为此感到很不高兴。她决定去跟董事长助理特丽（Terri）说说这件事情，因为特丽正好负责办公室的装修工作。

洛伊丝一开始便告诉特丽说她和她的同事们感到受到了轻视，因为公司没有事先针对墙的事情征询过他们的意见。公司甚至没有事先跟他们打好招呼。她解释说，这么做不仅减少了他们办公区域内自然光线的射入，也隔开了在同一团队里工作的一些同事。洛伊丝说这堵墙还会妨碍半数的同事进行工作上的沟通，使得他们无法在项目上进行合作。

特丽说她理解洛伊丝的不满，但是公司决定雇佣新员工，这堵隔断墙就是计划的一部分，它主要用于增加办公空间。

"你看，这堵墙是影响不到你的，"洛伊丝说，"我没有对新员工不敬的意思，但是作为公司的老员工，我希望你们至少应该事先能征求一下我和我的团队成员们的意见吧，因为这会对我们还有我们的工作环境造成影响。如果真的有人来找我谈了，我会告诉那个人公共空间对于我们团队在工作上进行沟通以及我们在工作时的感受来说，是

从有益的冲突中获得乐趣

很重要的。"

一开始,特丽对于冲突感到很不悦,但是在她仔细思考过洛伊丝的话,以及咨询过在那个区域工作的员工之后,她意识到洛伊丝其实说得很有道理。她也意识到了自己在没有征求过洛伊丝的意见之前就采取行动,是很不明智的。不过最重要的是,这件事帮助洛伊丝和特丽建立起了人际关系,而这段关系在以前几乎就是不存在的。

也许你遭遇过的冲突并不像我刚描述过的那样。它们可能会是各种各样的。它们可能会是可控的、很职业化的争论,也可能是充满情感纠葛的谈话。它们可能会持续几分钟或者几个小时,也可能会持续几天甚至是几个星期。这些冲突有可能涉及同一个问题或多个问题,也可能会涵盖各种各样的话题。

冲突涉及的话题并没有冲突双方采取的处理方法那么重要。

如果你想要取得更好的效果,那么你就有必要控制好发生的冲突,并以礼貌自信的方式来进行。尽量让冲突变得短暂而且不带恶意。你可以将它们变成务实的讨论,但是你一定要尽自己最大的努力以坚定乐观的信念去处理冲突,这样你才能获得双赢。虽然这说起来容易做起来难,但是你在谈论问题的时候,一定要专心致志地谈论对方认为重要的问题。这样,你才会达到交流沟通的效果,而不是单纯地抱怨。这样你才能向对方展示你卓越的洞察力,并表示出你对对方的理解。这样,冲突才会更加巩固你们的关系,并在双方之间建立起信任感,提高工作表现。同时,你们也避免了无益冲突的产生以及这种冲突会带来的消极后果。

养成感恩的习惯

人缘儿——关系在成功中的作用

除了与人发生冲突以外,你还懂得赞美他人吗?你有胆量处理好自己跟老板或者客户发生的冲突,这固然很重要;向别人表达你的感谢之情,这同样很重要。然而奇怪的是,有些人擅长处理冲突,而不知道如何去表达感谢之情。他们不希望别人觉得自己是在奉承他们。他们觉得如果自己说出感谢的话语,他们会感到很不自在。他们为自己的这种想法进行辩解。他们告诉自己,领导、客户或者下属不需要获得他们的感谢,因为这些人也许早就从别人那里获得够多的赞赏了。

"人类内心深处最渴望的,就是得到别人的感谢。"——威廉·詹姆斯(William James)

引用美国心理学家兼哲学家威廉·詹姆斯的话,就是我们都需要得到别人的赞赏。即使是最强、最有成就的企业家在他们的内心深处,也有这种渴望。就算他们在一家全国性的商业刊物上得到了正面的评价,获得了各种奖项,或者每月收入达到七位数了,他们还是希望听到更多来自别人的嘉奖。他们依旧希望并期待他们的下属会告诉他们,自己是多么地感谢他们给予的加薪或者升职机会。同理,如果人们总是得不到赞赏,慢慢地他们就会感到不满。他们会疏远别人,他们也会丧失自己对别人的忠心。人们之所以会离开一个企业,往往是因为他们感到自己在工作中没有受到应有的嘉奖,而不是出于其他什么原因。

当然,我们不希望别人用同样的方法赞扬我们每一个人。一个极端的情况就是,一些人希望听到无止境的恭维话。另外一个极端就是,有些人希望他人会隐晦、低调地表达感激之情。当你在表达感激之情的时候,关键是要针对不同的人在不同场合下使用不同的感谢方

养成感恩的习惯

式。我在本章中也会详细讲到一些相关方法。首先，我要通过两个具体场景，讲述一下表达感谢如何可以改善人际关系。

简单的道谢就可以了，书面道谢会起到更好的效果

约翰是一家大型建筑公司的项目经理兼次要合伙人。他刚刚赶在截止日期之前在预算范围内，为客户完成了一项价值1.25亿美元的宿舍修建工程。这是一个很有挑战性的项目，因此约翰每天都工作到很晚。他在最后想出了一个很有创意的方法，可以确保工程得以顺利进行。像以往一样，约翰及他的团队成员与客户合作得很好。他彬彬有礼、守时、聪明、有才能而且为人很宽宏大量，在公司中是个很宝贵的人才。此外，他优秀的背景对于这个项目来说也起到了特别的作用。

当宿舍建成后，约翰的资深合伙人马克并没有就约翰付出的所有辛勤劳动表示出任何感激之情。马克在项目结束后很快与约翰见了面，告诉他客户很高兴。但是，他根本没有对约翰付出的努力表示感激。相反，他只是简单地谈了谈约翰的下一个任务，然后告诉他说自己马上要开一个会，再不走就迟到了，还说他会在当天晚些时候再找约翰。

约翰在离开马克的办公室以后，再也难掩自己的愤怒之情了。他心里想："这都是些什么！我为了完成这个项目付出了所有。客户和我的团队成员们都对成果很满意，公司也赚了很多钱，可是马克怎么表现得就跟这没有什么大不了一样？既然事已至此，如果马克对我所做的一切不表示感谢的话，他以后也不会重视我的工作。他这样把我的付出当作理

人缘儿——关系在成功中的作用

所当然,我已经厌倦了。明天,我就开始找份儿新的工作!"

现在咱们来换一种情况考虑一下。在这个情景下,基本情况跟刚才一样:约翰很漂亮地完成了这个项目,马克没有马上表示自己的感谢之意。可是在这个情况下,马克意识到了他需要克服自己不愿意对他人表示感谢的心理障碍。虽然他无法从语言上对约翰表示感谢之情,不过他写了一封信。内容大致就是:

约翰:

祝贺你带领咱们公司成功地完成了这个项目。客户对咱们很满意,项目团队对此欣喜若狂。是你使得我们取得这一成就的。

我在这家公司工作了30多年了。我可以很坦诚地说,你是我所共事过的最棒的年轻经理之一。你对工作的热情和积极态度感染了我们所有人。你所显示的职业道德和你坦率的性格在我们当中建立起信任感,鼓舞了大家的士气。最重要的是,你肯花时间帮助我们每一个人,使大家时刻了解工作进程以及他们都为这个项目做了哪些贡献。所有这些不仅是一个典型领导者的特点,也证明你是一个胜利者。

希望你能再接再厉。感谢你为此付出的努力。我们为你感到自豪。

马克

看了这封信,约翰可能就会打消辞职的念头了。如果有人真诚并发自内心地向你表达感谢之情,这会使你想继续与他共事下去,并继续维系你们之间的人际关系。至少,你会暂时放弃另谋高就的念头。

尽管马克从本质上说是在与自己的下属打交道，然而这两个截然不同的处理方法向我们证明了，表达感谢之情在一段关系中会发挥重大作用。如果一句感谢的话就可以起到很大作用的话，那么我们如果坚持向他人表达感谢之情的话，结果会是不言而喻的。

感谢规则

从定义角度讲，表示感谢是非常个人化的行为，因此它不会以千篇一律的方式出现。像马克一样，你可能更会以书面形式表示感谢。此外，你还得考虑对方的感受，考虑他/她会对你的某一种答谢方式做出什么样的反应。有些人可能会就自己做过的什么事情过多地得到他人的赞赏而感到很不好意思。或者，他们根本没想过自己做过的什么小事会受到他人的赞扬——他们就希望自己在代表他人完成某一件很重要的事情以后，会受到表扬。

由于致谢的方式不同，因此我无法给你一个最确切有效的方法。然而，无论你是谁，或者你的合作伙伴是什么样的人，一些最基本的指导方针还是可以很好地帮助你。下面我们就来好好地学习一下可以用来致谢的规则吧：

该做的事情

◆ 语调要真诚
◆ 交流的时候要使用对方的名字
◆ 涉及致谢理由的时候，使用书面感谢方式
◆ 具体说明对方的哪些行为和特点值得你感谢

人缘儿——关系在成功中的作用

◆ 使用肢体语言（直接的眼神交流、微笑）来表达你的感谢之情

◆ 致谢的时候，要言简意赅

◆ 有什么，就说什么（诚实是可贵的）

不该做的事情

◆ 在答谢的时候，语调不带有感情色彩，或显得漠不关心

◆ 在答谢的时候给出负面评价，或通过感谢别人来获得好处

◆ 在答谢的时候，态度很突兀，或表现得很勉强

◆ 在赞扬他人的时候，一味地吹嘘自己的成就

◆ 通过草草地写一封电子邮件或使用随便的口吻，来表示感谢之情

◆ 通过讽刺或取笑对方取得的成绩，将赞扬变成一个笑话

我们都曾经在一些场合下犯过上述的错误，因此我们的目标不是在表达感谢上做到完美无缺。但是当你在对比这两种方式的时候，你可以问问自己，在通常情况下你是能做到"该做的事情"中的各项，还是做了"不该做的事情"中的各项。一些人觉得如果不将致谢变成一个笑话的话，他们就无法真诚地向对方表示感谢之意——他们觉得真诚地表示感谢之情让他们感到很不舒服。其他人会将致谢这一举动作为自己得到某个东西的工具。玛丽莲（Marilyn）告诉她的老板，他在客户提出了附加服务的要求时，处理得很漂亮。她真的很敬佩他，

因为他能花很多的时间和精力去满足客户的需求。然后玛丽莲又说:"我知道咱们很快就要跟某某客户进行一个项目。我觉得如果你愿意让我参与其中的话,我真的可以帮助你减轻工作量。"

她这么做不仅淡化了自己致谢的目的,而且致谢背后的动机非常的明显。这与小孩子想从父母那里得到某一样东西时使用的伎俩是一样的:"噢,妈妈,你今晚看上去真漂亮。我可以参加比利(Billy)家的派对吗?"

最重要的一点就是表述要具体,因为广义的感谢比比皆是。如果你的客户和他的管理团队在为你们公司出过力以后,你告诉他:"谢谢你今天帮助了我们。"你这就好像在说:"谢谢你为我开门。"这没什么错,但是这种致谢不会让别人记住。如果你说:"琼(Joan),我要代表我的团队感谢你。我知道要你在汤姆(Tom)面前为我们公司说话,有点儿难为你了。他觉得我们是小公司,所以他怀疑我们的能力。但是,我敢肯定的是,你向他说明了我们公司在去年成功地完成了三个项目,而且我们的每个项目都超过了你们的预期值,这就帮助我们赢得了他以及其他管理团队成员们的信任。你真的为我们做出了很大的贡献。我们为此十分地感激你。"

全面的致谢也是同样重要的。换言之,不要光说"谢谢"这两个字。你应该动用你的语调、眼神甚至你的姿势来表示感谢之情。也许你还不曾注意过,不仅你的言语会影响到他人,你的眼神、姿势还有说话时的语气都会对他人产生一定的影响。你可以通过这三个因素来表达你的感谢之情,其结果是不可估量的。在这种情况下,你向对方传达了一个信息:你是发自内心向他表示感谢的。它可以在他人心里留下深刻的印象,还可以巩固并加强你与他人之间的关系。其他方式

人缘儿——关系在成功中的作用

可达不到同样的效果哟。人们会记住这些令他们印象深刻的感谢词，因为这种情况不常发生。我并不是要你向老板做长达5分钟的激情演讲，感谢他同意你这周末休息。我只是建议你，当你对合作伙伴做出的某一件事情表示真心感谢时，你要全面地将你的心情展示出来。你的态度要认真。

你在致谢的时候，可以将具体情况具体分析和运用符合个人风格的做法结合起来。你该做与不该做的事情会根据合作伙伴为你做的具体事情的不同而发生变化——你不会为了一些小事或者根本不值得一提的事情去感激别人。你在表达谢意的时候，也想让别人知道你是真心的。如果你的一贯作风是低调行事，你也不用有悖自己一贯的作风，对别人大加赞赏。思考一下你平日里是如何感谢别人的吧。采用对你来说最真实的做法，就可以了。

你需要做的最后一件事情就是：从他人那里就你致谢的方式征求反馈信息。人们通常在这点上喜欢自己糊弄自己。我认识的一名公司主管就坚信自己总是会感谢他人的帮助。但是事实上，大家都觉得他为人冷酷，而且对别人的帮助从不感谢。这名主管很有可能真认为自己很擅长表达感谢之情。在他印象中，他记得自己确实对别人表示过感谢。但有一点他没有记住，那就是当他说"谢谢"的时候，他开了一个讽刺性的玩笑，这就使得他的话变得毫无感激之意了。抑或，他在感谢别人的时候，并没有看着别人的眼睛说话。

从同事和朋友那里获得反馈信息，可以帮助我们确保自己得到的结果符合预期目标。你可以问问这些人自己是不是经常真心地对他们表达感谢之情。最关键的就是，你要做到"经常"和"真心"。如果你很少说"谢谢"，你可无法建立起能够为你带来好处的人际关系。

同理，如果你在致谢的时候在态度上表现得很挑衅，或者你很明显地表示出自己的不情愿，这都不会对人际关系起到任何积极的作用。多多关注别人眼中的你在致谢时候的态度吧。如果别人觉得你一般来说比较忘恩负义或者言行不一的话，那你就需要改进自己了。

表达方式

蒂姆有一个很棒的导师，这个人多年来给了他很大的帮助。他觉得自己已经无数次地向他表示过感谢了，甚至觉得自己有些感谢过头儿了。他觉得自己在致谢的时候，就好像例行每日的公务一样，而不是在真心地向他表示感谢。我向蒂姆提议说，除了面对面地表示感谢，他还可以尝试一些其他的方法——为什么不送他一件礼物呢？与其在每次受到导师的帮助后亲自对他说"谢谢"，不如在某些场合下打电话致谢，或者给他留言道谢。这样，如果蒂姆可以多多地使用各种类型的致谢方法，他说出的"谢谢"就会给人耳目一新的感觉，听上去也更真实。

除了面对面的交流以外，我们还可以使用下面的这些方法来表示感谢：

◆ **打电话致谢**。虽然打电话没有面对面的谈话显得私人一些，但它们对面谈来说却是一个很好的补充。你可以通过打电话来重申你对某一件事情的感谢之意："我给您打电话就是想说，您之前帮助我与那些财务人士打交道。我就想让您知道我十分感谢您对我的这一帮助。"

◆ **使用电子邮件、手写便条以及（个性化的）感谢卡**

人缘儿——关系在成功中的作用

片来表示你的感谢之情。以书面的形式表达某些事,可以使人们更好地记住这些事情。书面内容可以让你更加轻松地向对方表达口头上不易表达的事情。这种方法能更体贴清楚地表达出你的感谢之情。这比你口头说出来更有意义,特别是如果你能手写而不是打印出来。

◆ 送礼物。你可以选择性地使用这个方法。你可以在某些特殊场合下使用这个方法。比如,当领导给你升迁机会的时候,或者客户选择了你们公司来进行一项新的合作项目。你要确保礼物送得恰到好处。如果礼物太贵了,那会让你看上去就像是在贿赂或者回报对方似的。如果礼物太廉价了,它看上去就会像一件象征性的礼物。你在私下里如何送别人礼物,在这些场合下就可以以同样的原则送礼物去感谢他人。你可以琢磨一下对方喜欢什么,他自己又没有什么太多这样的东西,而且这礼物如果送出去了,会对他有实际价值。例如,如果对方是个棒球迷,你可以送他球赛的门票;如果对方喜欢品酒,你可以送他一瓶他最心仪的酒。礼物通常都代表了你的感谢之意,因此你要好好地选择一个最合适的礼物。好好地做一做前期工作,调查清楚对方的喜好,然后找到最合适的礼物。

◆ 拥抱或者轻轻地拍对方背部。同样,你要做到恰如其分。有些人不喜欢同事拥抱或轻拍他们。有些人会从身体接触上得到错误的信号。但是大部分情况下,这些举动是你与他人巩固关系的一个微妙但重要的方式。这些举动证明了你是在真心地答谢对方,而不是做表面文章。

◆ 请客吃饭。通常情况下,领导或客户会请你出去吃饭,但是你不必反请他们。一般来说,只有在你"向下管理"的时候才会这样做,而不是"向上管理"。事实上,当你"向上管理"的时候,这种做法可能会更重要一些,因为这跟平常不一样。你不必请对方去城里最奢华的餐馆,但是你要挑选一处你觉得对方会喜欢的地方。通过请客吃饭致谢,也为你提供了一个更轻松的环境。在这个环境中,你可以轻松地向对方表达感谢之意。

说"谢谢"是一门艺术。你应该好好运用答谢的各种表现形式。

讨好式的障碍

如果你在进行"向上管理",你可能会担心"谢谢"二字会让你看上去像一个唯唯诺诺的人。你可能已经见识到了有些人通过恭维自己的老板得到了晋升或某些特殊待遇。你不希望自己在别人眼里是一个谄媚的人。结果就是,你有意识地尽量不去赞扬你的老板,因为你认为保持诚信更重要。企业主在与客户相处的时候也会有同样的忧虑。人们不希望客户觉得他们在致谢的时候态度不真诚。

只要你能诚实地表达自己的感谢之情,你就可以保持住自己的诚信态度。如果你抱着谋取加薪机会的心态走进老板的办公室,然后夸赞她是一个多么出色的经理,她是一个多么优秀的领导,那么你这么做很明显是在利用这次答谢的机会作为你达到自己目的的手段。在此类情况下,对方会认为你喜欢操控他人、为人谄媚,并对你产生其他

人缘儿——关系在成功中的作用

各种负面的评价。

就算你不带任何目的去赞扬或者感谢某些有影响力的人，你也要有意识地选择合适的时机。当你正需要某人帮助的时候，如果你这时候恰好要去向他表示感谢，那你对他所有的感谢之意在别人眼里，都会被无意地看作是别有用心。当你得知客户正要决定究竟要不要将新任务交给你们公司去做的时候，如果你这时候交给他一封书面的感谢信，告诉他你觉得跟他合作是一件很棒的事情，那么这会让他消极地看待你的举动。因此，在合适的时机表示感谢，可以帮助你避免别人将你误会成一个粗鲁、善于操控他人的人。

同样，你还要多多留心自己是如何表达感谢之情的。你可以问问自己："考虑到当时的场景，我的感谢词在内容和文体上是否正确？"如果你没完没了地夸你的老板有多棒，就因为他准了你一天假的话，那么你表现得就过于夸张了。同样，使用"最"字（"你是我见过的最棒的客户！"），也会显得过于夸张了（"你优秀的演说技巧拯救了我们！"）。使用任何夸张的手法都会给人一种不真诚的感觉。你也许确实是在很真诚地表示感谢之情，但是你言过其实的表达方式会令别人怀疑你的动机。

你可以在向他人表达感谢之情之后，通过问自己几个关键性问题来评价一下你的动机。具体就是：

◆ 你为什么要说刚才说过的话？你说那些话的目的是说给对方听的，还是就是为了你自己？

◆ 你究竟想向对方传达什么信息：你对对方的感谢之情，还是与你的职业发展相关的一些其他动机？

◆ 你之前是受大脑操控，发自内心地表达你的感谢之

养成感恩的习惯

情呢（想什么，就说什么），还是事先脑袋里已经想好台词了呢（有意识地努力表现出很真诚的样子，即便你根本不是这样想的）？

长期不断地问自己这些问题，可以帮助你更加清楚自己的动机，避免动机不纯地表达感谢之情，即使你可能并没有意识到那些动机。在绝大部分情况下，那些谄媚的人在别人眼里，从做事上也会显得非常的虚情假意。如果你真诚地表达自己的感谢之意或者赞许别人，别人怎么看待你就不重要了。接受感谢的那一方会知道你是真心实意地表达感谢之情。这会帮助你建立起更加巩固、有成效的人际关系。

我究竟该对什么表示感谢？

这个问题的答案也许看上去很明显，但是很多情况下人们其实并不知道究竟应该就什么事情感谢他人。他们知道当老板给自己加薪的时候，或者当客户给他们提供推举信息的时候，他们应该说"谢谢"，但是他们并不清楚自己向他人道谢的各种理由是什么。

为了帮助你意识到什么时候说"谢谢"最好，我想请你做一下下面的这个练习：

在一张纸上，写下两名受人尊敬的同事的名字。然后花两分钟列出每个人身上的闪光点。算出每个人各自有几条闪光点。

然后回答如下问题：在过去几个月内，你是否就对方的这些闪光点对他们中任何一个人表示过感激呢？如果有的话，你为多少条闪光

人缘儿——关系在成功中的作用

点表示过感激呢？

然后，将具体的一条闪光点变成感激的话语。例如："有勇气。你在上周向 CEO 解释说我们集团如果不增加预算的话，就无法实现预期目标。我很欣赏你在当时表现出来的勇气。"

承诺下周你会就此向他表示你的感激之情。

对于大多数人来说，这个练习使他们看到了自己有多么地欣赏同事身上的一些闪光点，但是他们并没有及时地对此表示出自己的感激之情。这个练习也教给他们一个方法，将自己对别人的欣赏转化为具体的赞赏之情。

如果你发现自己在做这个练习的时候，很难将欣赏之情转化为赞赏之情，那么就尝试着想想最近发生过的具体事情吧——一次面谈、一次演说或一次大型会议——同时思考一下这个人在这些场合下有没有展现出他的某个闪光点，而你自己在这个场合下恰好是参与者或者就是一个观察者。你的脑海中如果能闪现出一个最近发生过的具体场景，这就能帮助你表达自己的感激之情了。

抛开这个练习不谈，你应该思考一下所有那些会让你致谢的理由。很多时候，我们将自己的选择局限于跟钱有关的事情——加薪、奖金、有利润可得的新项目等等。当然，如果某个人帮助你实现了在金钱上的成功，你当然应该表示感谢。但是，你应该能想到其他的理由。下面，我便就此举几个例子：

◆ **调解同事与你之间的冲突：** 由性格不合而导致的冲突在日常工作中常会发生。这种冲突可能会瞬间爆发，而且一发不可收拾，这就给双方带来了很多麻烦。调解人与

养成感恩的习惯

人之间的冲突通常是一项费力不讨好的工作，因此如果你的合作伙伴承接下这个任务的话，你就要感谢他。

◆ **给你一个很好的项目**：你并不总能很轻松地就得到有挑战性或者伸展性强的任务。如果你的老板或你老板的老板帮助你得到这么一个任务，一定有人很认可你。作为回报，如果你感谢这个人，就会让每个人都感到很高兴。这同时也能为你们的关系带来最基本的好处。

◆ **帮助你学习到了新东西**：老板或者客户也许会教会你一个新技能，或者帮助你熟悉一个新领域。但是，无论他们教给你的内容是什么，他们都要花时间和精力向你传授。在现今这个重视知识管理的年代，任何帮助你学习的人，都值得你感谢。

◆ **就某一具体项目为你提供帮助**：你也许正忙着在项目截止日期之前赶进度，或者你已经想不出什么好的方法来解决问题了。如果你的同事愿意加入进来，帮助你完成这个项目，你应该对此表示感谢。很多人在这种情况下，会让他们的下属孤注一掷、放手一搏。如果你的老板愿意救你一把，而且还能想出一个解决问题的办法，或者他愿意自己花时间帮你赶进度的话，你应该对此表示感激。

◆ **提供工作建议**：这对于大部分老板和客户来说，已经超出了他们的工作范围了。他们这么做不仅没有报酬，而且很有可能你会因为他们给的建议而另谋高就了。如果他们愿意利用自己在职场上摸爬滚打多年的经验和智慧，

人缘儿——关系在成功中的作用

就你的职业规划或者长期目标为你提供一些建议的话,那你一定要好好地感激他们。

为人际关系的维持注入信任感、忠诚度和善意

真心实意向别人表示感谢,是一件值得做的事情。你这么做也可以改善人际关系。表示感谢这一做法并不仅仅说明了你是一个礼貌体面的人。能够带来好的效果的人际关系,依赖于关系双方都能向对方表示感谢——即,任意一方在对方展示了同情心、智慧、勇气、无私等等这些闪光点后,向对方表示感激之情。如果双方能够长期坚持交流自己对对方的感激之情,这便会带来三种好的效果:

1. 信任感

如果有人告诉你,他非常地感激你为他做出的努力,你会做何感想?这可能不一定非得是你某一次的工作经历,但是这种感谢的话在你的日常生活中随时都会发生。也许你的兄弟姐妹或好朋友会因为你做过的某一件事情而感谢你——帮助他们考试前复习,或者向他们推荐一份工作。我认为任何事情都有可能,它会让你感到对方对你的重视,因为他愿意承认自己感激你为他付出的心血。我也敢打赌这么做的好处就是,如果对方也大方地为你做了某件事,你反过来也愿意向他表示感谢。毫无疑问,他也会感到你对他的重视。如果两个人在职场上都对对方做出很高的评价,信任感便会由此产生。

2. 忠诚度

你也许对自己的老板或者客户忠心不二，但你可能不确定他们是不是也这样待你。当你"向上管理"的时候，你需要将人际关系建立在对方认为你是值得他信赖的基础上。不止一名客户认为他们的卖方重视他们，就因为他们为卖方所在的公司提供了业务。不止一名老板认为下属关心他们，就因为他们掌握下属的福利待遇和升迁机会。老板们会主观地认为下属会在别的公司谋求更好的福利待遇，并获得可观的薪水。客户认为一旦有人提供更多更好的业务，卖方会马上更换新客户。

我列举这些例子是为了说明一点：你需要赢得别人的忠心。给你的合作伙伴一个理由来相信：你不仅仅是为了钱与他共事。如果你坚持不懈、真心地表达感激之情，那么无论你在向什么人表达这一情感，你的行为都能证明你对对方的忠诚。

3. 善意

赞誉、认可和感谢促使人们在一起工作。在很多情况下，业务关系主要是为了图方便，而不是出于好感。它针对的是工作过程，而不是人本身。然而，工作过程要想奏效是离不开人的。我们在一起共事并不是因为上级将我们安排在一起。我们也许会相处得很好，工作上能取得更好的成果，但是我们可能并不享受这个工作，也没想从这段关系中获取什么。结果就是，我们不太愿意为对方做超过自己分内的事情。这样，我们在工作中就不会形成团队精神。

通过正确的方式表示感激之情，可以使人际关系变得富有成效而且有回报。大多数人际关系都是交易型的，它们缺少情感联系。如

人缘儿——关系在成功中的作用

果我们在与他人交往中做到互相表示感激之情的话，我们就可以建立起情感的纽带。如果大家都对别人心存好感，所有人就都愿意为自己的合作伙伴多付出一点点。

最后，经常真诚地向别人表示感激之情，可以使合作双方都愿意为对方多付出一些。这一做法还可以提高工作效率。一旦你得知对方真心地感激你为他所做的一切，他会愿意为你付出更多。你可以很自信地说，你会因他对你的感激之情和回报而收获多多。

成为一名出色的倾听者

人缘儿——关系在成功中的作用

问: 如果你不倾听别人如何谈论他们的奋斗目标,你怎么能从他们那里收获最好的成果呢?你又该如何建立起信任感、提高工作效率、增加利润,并帮助他们实现那些目标呢?

答: 你无法做到。如果要做到很好地倾听他人,你需要具有一定的知识,而且你为人不能自私。多多练习倾听的技巧吧。

以我的经验,掌握非凡倾听技巧的人还是少数。大部分人都不具备良好的倾听技巧。最好的倾听者一般都是最棒的领导者、销售人员、导师、教练、家长和朋友。如果想掌握非凡的倾听技巧,我们需要做些什么呢?下面请你继续阅读本章。

10年前,我曾经遇到过一个名叫玛丽·赫伯恩(Mary Hepburn)的25岁姑娘。之前,我从来没有遇到过像她那样能够无条件倾听他人,而且不主观臆断的人。人们在跟她说话的时候,她总是全神贯注地倾听。最明显的就是,从她全神贯注地听你说话,到她回应你的时候所问的问题或脸部表情来看,她对你说的话非常感兴趣,而不是考虑这段对话会给她带来什么好处。

自从我认识玛丽以后,我逢人就夸她。人们总是问我:"她为什么是你见过的最好的倾听者?"他们总是反驳我说:"我听你说话的时候,也能做到跟你产生共鸣,而且我也不随便臆断。我敢说你说过的每句话,我都听进去了。"

就这点来说,我可以告诉你玛丽与别人有什么不同:就算她是个聋哑人,她仍旧是最棒的倾听者。

听觉就是一种我们去感知声音的能力。倾听可以帮助我们完成交流。

当你真正倾听别人说话的时候——也就是在你充分调动大脑和心

灵的时候——你实际做的要比单纯地倾听对方说话多得多。当你认真地倾听对方说话的时候，你在满足每个人都有的需求。人们希望从别人那里获得赞赏。人际关系的进步与破裂取决于我们是否能够真诚地赞赏别人。这些全都来自于真诚、全神贯注地倾听。

当你在倾听他人说话的时候，你是不是在向他传递一个信息：你在乎说话的那个人，你重视他的看法，你对两人的交流持全神贯注的态度？在回答这个问题的时候，你需要考虑一下那些糟糕的倾听者经常犯的一些错误。

一名糟糕的倾听者的四宗罪

人们在业务关系中总是会听而不闻。从某种程度上说，我们都会为此感到自责。也许我们当时心里正想着其他什么事情，因此也就没有认真地关注对方说的话。我们经常会为自己要说的话而激动万分。结果就是，我们根本听不进去对方都说了些什么。我们有时候会感到很焦虑，因为我们觉得自己还没有准备好。因此，我们会假装自己在倾听别人说话，并努力让老板或客户相信我们确实在全神贯注地听他们说话。

当然，就算我们都会犯这种错误，也不能说明我们就可以就此形成习惯。意识到自己在倾听别人说话时养成的习惯，意味着你会不断地质疑自己，检查自己是否全神贯注地听对方说话。我们大部分人只能付出四分之一的精力去倾听别人，哪怕是有那些很有影响力的人在场的商务场合下也是如此。你可能觉得自己确实对那些人的讲话洗耳恭听，但是事情并不总是这样。我们觉得自己如果花一部分精力去倾

人缘儿——关系在成功中的作用

听别人说话，然后将其他精力集中在思考是否能在截止日期前完成某一个项目，一封自己等待多时的电子邮件是不是已经发到邮箱里了，抑或晚饭打算吃什么这些问题上，我们也能蒙混过关。

为了帮助你提高自己的倾听技巧，我请你谨记下面的四宗罪：

1. 打断别人的话
2. 替别人说完他要说的话
3. 假装友好
4. 预演你的意图

打断别人的话

如果你在别人讲话的时候不断地打断他，这就向他传达了一个负面信息："我真的对你说的话不感兴趣，所以我不会让你说完你想说的话。相反，我要告诉你我的看法——很明显，我要说的话比你在说的话要重要得多。"

虽然你在打断客户或上级讲话的时候，并没有打算向对方表达这样的意图，但是你打断别人的做法正好向他们传达了这一信息。问题是，我们往往觉得自己有充足的理由打断对方的讲话。你可以回顾一下自己最近一次在工作中打断他人说话的情景。你这样做是不是因为：

◆ 对方说了一些勾起你兴致的事情，你迫不及待地想就此发表自己的看法？

◆ 你不同意对方的看法，而且你对他的职务感到很生气或受此干扰，你觉得一定要发表自己的看法？

◆ 你觉得对方太过啰嗦，自己已经急不可耐，不想让他说完自己的话了。

上述这些都不足以构成你打断别人讲话的理由。不管你从过早地表达自己的看法中能得到什么，从人际关系角度讲你都是失败的。也许你的观点很有价值、很有影响力，但是你的合作伙伴很有可能会因为你总是打断他们讲话而不尊重你，或者不欣赏你的看法。因此还是那句话："人们不会关心你懂多少，除非他们知道你的确在乎他们。"

替别人说完他要说的话

这种行为看上去也许没有足够大的危害性，但是你绝对不能忘掉这条真理："别人起话头，不是为了让你来帮他们说完的。"由于交流是我赖以为生的职业，我五六年前才搞明白这句话里蕴含的道理。戴尔·卡内基（Dale Carnegie）一语道破个中秘密："我们都喜欢听自己的声音。"但是当你替别人说完他们要说的话时，他们听到的是："我比你更清楚你自己的想法。"大多数人会犯这样的错误，尽管他们的本意是好的。你觉得你只是在证明给你的同事看你们双方观点一致，或者你在向客户证明你不仅能满足他的需求，你甚至可以预见到这些需求。

尽管你可以准确无误地预知对方要说的话，但是他们并不喜欢你替他们说完自己的话，或者自己半途被你打断。事实上，替别人说完他们要说的话，这种行为比打断别人的话更让人气恼。打断他人的讲话是一回事，替他发言就是另外一回事了。

如果你倾向于打断对方的话，然后替他说完，那么你下次再这么做的时候，最好仔细观察一下对方。他可能不会就此说什么，但是你

人缘儿——关系在成功中的作用

要看看他的眼神或者肢体语言是不是暴露了他的真实想法。他是不是轻微地愁眉苦脸了？他是不是眯缝眼或者对你瞪眼了？一旦你观察到了不好的反应，你下次就不会再犯同样的错误了。大多数情况下，你不会听到别人对你直接表示不满，他可能也不会显露出什么。但是，人们还是喜欢自己挑起话头，然后自己说完自己要说的话。你的负面行为会对你们之间的关系造成极大的影响。

假装友好

如果你被周围的事物干扰，或者你在生活中发生了一些事情，它们占据了你的思绪，那么你在跟别人谈话时就会走神。你会努力地假装自己在认真地听对方讲话，而不会承认自己走神。你会点头称道。一旦对方问你是否同意他的话，你会说"是的"。你记起对方说的一个事情，然后将注意力放在那件事上，想以此证明你确实全神贯注去听了。

也许，你会认为自己已经让对方相信你确实在认真听他讲话了，但是很有可能你想错了。大部分人并不想让别人知道那个跟他们谈话的人并没有在听他们讲话。他们其实知道你走神了，只不过他们并不会直接向你指出这点。当你全神贯注地倾听对方讲话的时候，人们是能感觉到的。你自己可能就曾亲身经历过类似的情况。当你在跟同事或者朋友谈话的时候，你也许能感觉出来他并没有专心听。他也许会点头并直视你，但是你能感觉得出他走神了。

你需要不断地提醒自己，别人能够察觉到你开小差了，所以千万别假装认真听。如果你漏掉了谈话的一些内容，你要强迫自己老实地承认你没有听到对方说的话。你需要请求对方重复一下你没有听到的内容。

你还需要向他道歉，然后请求他讲清楚或向你解释明白。这样，你做到了坦诚待人而不是欺骗别人，因为欺骗可以迅速摧毁人与人之间的信任感——而信任感才是能产生好结果的人际关系的标志。

预演你的意图

由于我们急着向对方展示自己的想法和观点，我们都犯了预演自己的意图这一错误。其实，当对方在讲话的时候，你心里盘算着自己如何提出加薪的请求或者如何才能申请到更重要的任务，这是很自然的事情。但是，如果你希望你们之间的互动能够产生双赢的效果，那么你在心里提前盘算自己的意图就是一个糟糕的习惯。你需要戒掉它。人们能看出你的目的，甚至提早地就能知道你的真实目的。

理论上讲，你需要在面谈前就做好准备。当然，你需要针对他会对你说的话，思考一下你该如何回答他。如果你过于关注自己能从对方那里得到什么，或者你要向他表达什么看法，那么你的注意力就会偏离你们的谈话。这时候，问题就来了。

最好的做法就是，你在与对方正式面谈之前，事先想好自己要表达什么观点。你在与对方见面之前，就要搞清楚你要说什么话。设想一下你的同事可能会对你的话给出哪些反对意见。这样，你就不必在谈话进行的时候，现想你要说的话了。如果你越将注意力集中到对方身上，对方就越会认为你是一个很好的倾听者。如果你有一个无法忘记的好主意，那么你可以想出一个关键词来提醒自己。这样，你可以始终将注意力放在对方身上，而你也可以在认真地倾听对方说完之后，巧妙地插入你的看法。

人缘儿——关系在成功中的作用

学着保持沉默以及其他奏效的倾听方式

倾听其实并不是一种被动的行为。如果你只是被动地听，你就只能听到几个词，而不能向对方传达你的反馈意见。倾听，需要你集中注意力和精力，并给出贴心的回应。这意味着，你需要好好学习如何动用你的大脑和心灵去倾听，而不是光动动耳朵就够了。这还意味着，你需要学习如何根据自己听到的内容，给出相应的回答。这样，你才能向对方传递他需要听到的信息。

"掌握了一定知识的人会去发言；充满智慧的人会去倾听。"——奥利弗·温德尔·霍姆斯（Oliver Wendell Holms）

你可以按照下面的7个步骤，掌握倾听的技能：

1. 练习如何保持沉默

正如我之前谈论过的四宗罪一样，保持沉默对我们来说是一个挑战。你会感到自己迫不得已非要替别人说完要说的话，然后再附加上你自己的看法。你需要好好练习如何保持沉默。你需要有意识地闭上嘴，直到你确定对方已经说完了想说的话。当然这说起来容易，做起来难。因此，你可以在家练习好了，然后再将它运用到工作中。当你在与自己的配偶或朋友交谈时，你需要强迫自己保持沉默，直到对方把话说完为止。在很多时候，你找自己熟悉的人练习如何保持沉默会更难一些，因为你们双方都会在谈话的时候不断地打断对方。但是，如果你通过自己的私人关系练习如何保持沉默，你就能够学会如何在工作关系中保持沉默。

2.消除干扰

公司领导们一贯遭到别人的指责，说他们是糟糕的倾听者。这是因为当别人希望得到他们的关注时，他们自以为可以通过保持繁忙的状态，同时忙于多个任务。但是，这些领导们没有意识到的是，他们通过这些干扰加速瓦解了关键性的人际关系。他们应该关上门，关上手机，眼神别老往电脑那里看自己收到的电子邮件。如果你的合作伙伴向你表示，他觉得这次面谈很重要，那么你可以整理一下自己的日程安排，然后告诉他说，他有充分的时间跟你谈论自己的看法。同理，你不可在这次面谈中偏离主题，或者谈论无关话题。你需要让对方感到你已经尽自己所能，全神贯注在他身上了。很多经理都会说："我的老板没时间。"然而，我要说的是："凡是那些想要得到好结果的领导，都会为你腾出时间。"

3. 集中你的注意力

这意思就是，你不能做白日梦，不能细想你该如何作答，或者漠视对方的看法。如果你能够做到全神贯注地倾听你的老板或者客户讲话，那这本身就是一种天赋。你可以思考一下他要告诉你什么——不要只思考对方的字面意思，也要明白隐含的意思。不要让电话铃声打断你们，在办公室外面进行谈话，更不要让其他的什么事情打扰你们。人们其实对别人的注意力是非常敏感的。他们能判断得出你有没有专心听他们讲话。如果你重视你们之间的关系，而且看重这段关系会产生的效果，那就全神贯注地听他们讲话吧。

4. 通过非语言的方式来表示关注

我们并不是仅仅通过嘴来传达信息的。因此，光认真倾听是不够的。你需要向对方表示你关注他们。你可以通过4个方法做到这点：直接面对对方，点头，与对方进行眼神交流，还有微笑。如果你不自在地在自己的座位上动来动去或者环顾四周，那看上去就好像你在等警察抓你。这可不能帮助你向对方证明你的专心。面无表情、一动不动的听众看上去就像他们对对方说的话丝毫不感兴趣。因此，你可以运用你的眼神和肢体语言，告诉对方你在兴致勃勃地倾听他们讲话。还有，从那些做得不够好的人们那里多多学习，然后好好想想你在讲话的时候，如果面对那些对你表示出非语言上的轻视的人时，他们是怎么失去你对他们的尊敬的。你愿意辛辛苦苦地为这些人工作么？当然不会。

5. 使用"重复原则"

用你自己的话重复一下对方刚刚说过的话。例如，"如果我没听错的话，你的意思就是……"这种重复原则会给你带来两个好处：（1）*你通过尊重别人也赢得了别人对你的尊重*。通过请求他们重复刚说过的话，你可以与他们确立关系，这样做也会导致（2）*你解释清楚他们的意图，并消除误会*。其他的好处也包括更快速地做决定，避免或者缓解工作场合会出现的各种错误。

你不能过度使用这个技巧。如果你频繁使用它，你就是冒着不专心或者耳背的风险。在你需要对方解释他的话之前耐心等待吧，或者在对方强调某事之前耐心等待一下——他有可能会通过自己的语调进行强调,也有可能直接告诉你"这很重要"。这就给了你一个使用"重复原则"的机会。

6. 展示共鸣

尽管经历对方经历过的事情可以帮助我们与别人产生共鸣,但这并不是真正意义上的共鸣。真正的共鸣要求你有同情心,懂得换位思考,并试图理解对方的优势。这是拥有高情商的一个标志。要想做到这点往往很难,因为我们不会跟对方有同感,即便是我们有同样的经历。但是,当我在研讨会上让参与者们说出三位出色的领导的时候,他们给我的最常见的回答是:"他们确实会认真听我说话,而且试图理解我的意思。"倘若要做到与他人产生共鸣,我们要面对的一个挑战就是:这不是单独行为,而是一种不带有个人意图的良好心态。这与人们往常的行为和意图正好相反。不过我要大胆地告诉你,共鸣可以帮助我们建立起强烈的情感纽带,它可以促进信任感和忠诚度的建立、改善工作表现,并提高利润。逻辑使人们思考。情感纽带使人们想要有所行动。共鸣就是我们能够做到这点的直接纽带。它就是能够带来好结果的突破性特征之一,无论在工作场合还是其他场合。请牢牢记住阿西西(Assisi)的圣弗朗西斯(St. Francis)所说过的话吧:

"知彼解己。"

7. 善于问好问题

你是否有过这样的经历:作为一名听众,你听到演讲者说:"大家

人缘儿——关系在成功中的作用

有问题要问吗?"可是台下却没有人回应他?这给人的感觉就好像他从未发过言——或者没有人认真听他说的话。如果你在与别人交流的时候不提任何问题——或者如果你只是问一些表面问题的话——你也会让对方产生同样的感受。因此,不要不好意思提一些很好的问题。有时候,就算你只问了一个问题,这也能说明你刚才确实认真听对方讲话了。如果你出席过新闻发布会,你就明白我在说什么了。人们往往都会向政客或者职业运动教练问一些空洞的问题,然后媒体会问一个关键性问题。你要做的就是问这种关键性问题。也许你的老板刚告诉你,他忍受不了自己的老板;他不知道自己该如何应付这个人的各种无理要求;他晚上都无法入睡;他在平常的工作中要花很多时间来安抚自己的老板,结果自己什么任务都没来得及完成。这时候你要提的问题就得是:"你要不要跟 CEO 谈谈,或者找一下管理层的人,看看有没有人能够帮你协调一下?"或者,"有什么是我可以帮忙的吗?"提出一个好问题,说明你全神贯注地跟对方交流了,而且你在思考可行办法。这些都能说明你是一个很好的倾诉对象。

带着无私的态度倾听

下面我们接着刚才的内容继续讨论。最棒的倾诉对象会做到暂时放弃他的自我意识。要想依靠当最佳的倾诉对象来获取最大的好处,你必须要做到忘记你自己的存在。然而,你的自我意识的确存在,它不可能完全地消失掉,因为你做不到这点。但是,如果你在跟他人攀谈的时候能够尽量做到这点,那么你在他人眼里的形象就会高大起来。

成为一名出色的倾听者

我的表兄克里斯（Chris）就是一名很棒的倾诉对象。凡是见过他的人，都被他的气质所吸引。他们总是向我询问克里斯，说他们都想再见到他。克里斯之所以受欢迎的秘诀就是，他是一个很无私的倾听者。也就是说，他：

- 对你感兴趣
- 搞清楚你之所以烦恼的原因
- 发现你的喜好
- 根据你向他透露的内容，提供有用信息

克里斯在没有向人介绍自己的情况下，就轻而易举地显示了自己的领袖气质。他会把你当成是英雄式的人物。他的关注焦点总是落在别人身上。这令大家觉得跟他谈话是一件让人高兴的事情。此外，他在与别人面对面交流的时候，总是能够做到全神贯注。这就帮助他牢牢地记住了对方说过的话。很多人做不到这点，他们往往很快地就忘掉了对方说的话。克里斯却能准确地回忆起他遇见过的人跟哪里上的大学，甚至还包括这些人最喜欢去的餐馆是哪里等等细节。毫无疑问，这归功于克里斯超强的记忆能力。但是，这更要归功于他能够清楚地向别人表明，自己对对方要说的话很关心，而不是仅仅忙着阐明自己的观点。

在能够带来结果的人际关系中，进行谈话的双方对谈话的占有比重应该是每人各占一半。在商务场合，你都是通过倾听对方讲话，建立起一段人际关系，并获得竞争优势的。正如戴尔·卡内基曾经说过的：

"如果你主动对他人表示兴趣，那么你可以在两个月内就交到很

人缘儿——关系在成功中的作用

多朋友。如果你总是希望别人主动对你感兴趣,那么你在两年内也交不到什么朋友。"

优秀的倾听本领能够为人们带来很多好处,其中之一就是如果你能够认真倾听你的合作伙伴讲话,那么他也能认真倾听你讲话。假设这个人不是十分地自我,那么在你们谈话的时候,他能很快地意识到自己在一直不停地讲话,而你一直在听他讲。一旦他意识到自己独占了讲话的机会,他会很快地将注意力转移到你身上来。同时,他也会很感激你之前一直在认真听他诉说,他还会感谢你刚才认真消化了他说的话。结果就是,你们之间的谈话交流,保持在了一个1:1的平衡点。

你在听么?自我检查一下吧。

你觉得自己是一名优秀的倾听者吗?很多人都会说"是"。他们会想,自己曾经很耐心地听自己的老板没完没了地抱怨公司的一条新政策。他们也会想,自己曾经一连好几个小时专注地倾听客户抱怨公司提供的服务。

忍耐可不等同于倾听。做到保持沉默并努力集中注意力,这可不等于你就是一名出色的倾诉对象了。要想成为一名优秀的倾诉对象,你需要集中精力,并有意识地去努力听。那么,你怎么才能判断自己是不是努力听了呢?你可以通过回答下面的问题来自行判断。当你回答下面的问题时,请回忆一下自己最近跟公司一名有影响力的人的面谈,或者是你最近跟一名对你的工作有重要影响的客户的谈话。根据那次面谈,思考并回答下面的这些问题:

成为一名出色的倾听者

◆ 你在整个谈话过程中,是不是注意力集中了?你是不是敢保证你没有睡着,做白日梦,或者干脆就忘记谈话进行到哪里了?

◆ 你有没有让他说完自己的想法?你是不是有意识地不让自己打断他讲话?

◆ 你有没有全神贯注地听他讲话?你有没有努力去与他保持眼神的交流?你有没有在同意他的看法时,点头称"是"?你有没有在听到有趣的内容时,冲他微笑?

◆ 如果对方对你们交谈的内容很感兴趣,你有没有通过某种途径表示你也有同感?比如通过言语反应、你的眼神或者手势。

◆ 你有没有时不时地重复对方说的话?

◆ 如果你在跟对方的谈话中的确漏掉了一些内容,或者对某些内容听得还不是很清楚的话,你有没有请求对方讲清楚?

◆ 你有没有在谈话中尽一切可能扫除干扰?你有没有关上手机,不去收电子邮件,不去倾听办公室外走廊内别人之间的任何谈话?

◆ 你有没有在言语上证明你消化了谈话内容?你有没有通过自己的评价或者问一些问题,证明你确实明白对方讲的内容了?

你对多少问题的回答是"是"呢?你很有可能不是对所有的问题都回答"是",但是这却是一个立竿见影的检验办法。它可以证明你到底有没有认真倾听别人讲话。你还会发现,这些问题不仅适用于你

人缘儿——关系在成功中的作用

在家与配偶交流,也适用于你在工作中跟同事交流。人无完人。有时候,你可能没有与他人进行眼神交流,或者被别的事情干扰了。成为一名优秀的倾诉对象的关键就是:你时时刻刻都要注意这些问题。

现在,我们换一个场景做一下这个练习。你可以等你的老板或者客户找到你,然后要求你跟他们坐下来谈一个重要的事情。在你们谈之前,你复习一下这些问题,然后在开会结束后审视一下你对这些问题的回答。这时候,你很有可能会对更多的问题给出肯定的答复。如果你有意识地注意了这些问题,你就有信心去更好地倾听别人说话。

如果你能意识到自己在倾听方面的弱点,这是很重要的。说到倾听技能,每个人至少都会有若干弱点。这些弱点一般来说都跟这些问题有关。但是事实上,这些弱点会表现为一些具体的行为模式。我在下面列举了一些倾听方面的弱点。你可以好好地审视一下这些弱点,看看你有其中哪些弱点:

◆ 我总是打断别人说话。我知道这么做不对,但是每当我认为别人说得不对的时候,我就控制不住自己了。

◆ 我无法忍受人们总是像在做演讲一样说教,而不是好好谈话。一旦我碰到这种事,我就会走神。

◆ 我觉得,凡是需要我听权威人物讲话的时候,我就犯起了多动症的毛病——会议室桌子上的一只爬来爬去的蜘蛛都能干扰到我。

◆ 我很容易就会感到无聊。如果跟我谈话的人说的话是我不感兴趣的,我顶多就点点头,然后假装自己在认真听。

◆ 我每次跟老板或者客户开完会后,基本上不提问题。我担心如果我问一些很明显的问题，他们会觉得我是个傻子。

◆ 如果谈话内容与我有关，我就能认真听。但是，一旦谈话内容转换到对方身上了，我就不能集中注意力了。

◆ 我一般都会注意听，但是慢慢地我的思维就转移到了我想说的内容上去了。于是，我就听不进对方说的话了。

如果你在倾听方面的弱点不在上述所列的这些弱点里，你可以把你的弱点列出来，写在一张纸上，然后随身带着这张纸——如果你能够不断地提醒自己你有这些弱点，你就能更好地将其控制住。

共苦原则：为什么最好的听众是我们可以信赖的？

在我的父母庆祝完他们结婚40周年纪念后，我问他们最亲近的三个朋友是谁。他们说出了三个人名，然后我让他们说出自己遇到过的三名最棒的倾听者都是谁。果不其然，他们说的人正是那三名跟他们最要好的朋友。

这是很显然的。无论是生活中还是工作中，能够让我们感到最亲近的人，通常都是我们眼里最棒的倾听者。我们也许喜欢跟某些朋友、同事相处，因为我们看重他们的洞察力、娱乐价值以及他们的权力或影响力，但是倾听能力胜于其他所有的因素。一旦事情变得难办起来，我们希望自己遇到困难时，有人会乐意听我们倾诉。当我们感到恐惧或遇到极大的挑战时，我们希望身边能有人愿意倾听我们诉说心中所想。

CEO和其他总经理们通常拥有很好的资源，但是即使这样，他

人缘儿——关系在成功中的作用

们的倾听能力往往很糟糕。领导们因为自己在公司里所处的地位很高，往往可以畅所欲言，并期望自己的听众能够专心听他们讲话。但是，正如我之前所述，人们很清楚你什么时候认真听他们讲话了、什么时候没有听进去。如果敷衍了事，不认真听他们讲话，他们是可以感觉出来的。如果人们只是礼貌性地听听，而没有认真真地倾听别人说话，讲话的人只会真心感激那些认认真真听他们讲话的人。

你可以做一个这样的人。如果你能够掌握倾听的艺术，那么在一个有影响力的人的眼里，你就是无价之宝。你可以想想那些真正能认真听你讲话的人是什么样子。你觉得那个人怎么样？我敢打赌你信任那个人，对他心存感激，而且感到你被授予权力了。如果有人在工作关系中对你怀有这样的感觉，那么他很有可能在需要帮助的时候，只会想到你。最终，这一无声的技能给你的职业生涯带来的影响，远比你没完没了大声地喊出100个创意要大得多。

简化与应用

两年前，我跟一位名叫约翰的高管共事。员工们对他的领导能力给出了完全失败的评价，他为此感到很震惊。每个人都说他是"很糟糕的倾听者"。虽然我很快得知约翰是一个精力充沛、善良的人，但他就是给周围的人带来了负面的影响。

慢慢地，我就发现究竟是什么原因导致了约翰成为一名"糟糕的"倾诉对象——干扰。约翰会把员工叫进他的办公室，然后他便频频看自己的电脑屏幕，而不是认真倾听进来的人讲话，也不与对方进行眼神交流。他本来应该做的是：面对对方，将注意力完全集中到对方说的话上，讲清他们的需求，然后看看他究竟可以提供什么样的帮助。

  3个月后，员工们对约翰的后续评价极尽赞美之词。大家对他的评价包括："他像变了个人似的，行为上有极大的改善。他显示出自己确实比以前更关心人了。"我最喜欢的一条就是："4个月前，我准备好了自己的简历，准备另谋高就了。除了约翰，我愿意为任何人卖命。今天，除了约翰，我不愿意为任何人卖命。"

  有时候，你从这些建议中获得的帮助会触动你的认知，并对你提高自己的人际交往能力起到重大的作用。你可以在阅读后面的内容时，寻找这些信息。

透彻地了解一个人

人缘儿——关系在成功中的作用

你知道自己的老板打算十年后退休的时候搬到乡下去，然后开一家小旅馆吗？你知不知道你的客户在认真练习瑜伽，而且喜欢冥想？

我们可能不了解别人会对什么事情感兴趣，或者不清楚什么事情会让他们兴奋。此乃人之常情。然而，我们一生中的大部分时间不是跟自己的家人在一起度过的，而是跟这些"别人"。我们可能不了解周围同事对职业发展的期望、梦想或者什么事情会让他们感到失败和沮丧。通常来说，我们对他人的了解仅限于最基本的那些信息，这些信息足够我们与对方有效地共事。当然我们也会在一起闲聊一些工作以外的事情——一场职业橄榄球赛、一场电影、孩子取得的小成就。但是，我们认为这些都不是什么重要的信息，因为它们不能使我们与别人的合作变得更多产或更有效。

真的是这样么？事实就是，如果你能够严格、职业地看待你们之间的关系，你就限制了人际关系的潜在发展。如果你们之间不但没有个人信息的交换，也没有个人、工作上的情感交流，你们会限制人际关系所产生的结果。你们之间的关系也因此而缺少了信任感和相互理解——这是一种纽带，它能够激励人们为自己的合作伙伴做更多的事情。

透彻地了解一个人，不是你在一次面谈或一周内就能实现的。你也不想整天跟着这个人后面说："贾尼丝（Janice），我们一起合作共事有3年了。现在是时候你跟我讲讲关于你的一切了"，然后他们就被你的这一举动吓跑了，特别是当你们的关系在几个月或几年内都是纯粹的工作关系，而你们现在打算将双方间的关系上升到一个新的高度时。在这些情况下，你需要的是耐心和毅力。你在向对方询问的时候，要表现得自然一些，而且要循序渐进地盘问。此外，你最好不要命令对方回答你的问题，或者问一些让对方觉得你在瞎打听的问题。在你记住这些提示以后,你就可以想一想,你需要了解哪些关于你的合作伙伴的细节信息了……以及你为什么需要了解这个人的方方面面。

仅了解自己老板孩子的名字
以及他在打高尔夫时超过标准杆数的击球次数是不够的

当我告诉人们,他们需要透彻地了解一个人的时候,他们告诉我,他们知道自己的客户最喜欢去的餐馆,他们的孩子叫什么以及都多大了,还有他喜欢从星巴克(Starbucks)买什么口味的咖啡。你当然可以知道这些信息,但是这只是一个开始。如果想透彻地了解一个人,你需要对这个人进行深层次的钻研和广泛的探索。

还有一点需要注意的是,你需要向对方表示出你对他很感兴趣,想深入了解他。如果你不喜欢他,或者你并不真正关心自己要不要与他建立更好的关系,你就不会成功。我说这话的意思就是,别人通常比你想象的要敏锐得多。不管是有意识的还是无意识的,他们都能辨别出究竟谁真正对他们感兴趣,以及谁是出自私心跟他们交往的。你说话时候的口吻,你能不能记住他们上周怎么回答你的问题的,你在听到他们告诉你的一些机密事情时的反应——这些都可以证明你对他们是真诚的,还是假装感兴趣。

当然,你不用非得喜欢每一个人。如果你对自己的合作伙伴不是很感兴趣的话,那你就需要找别人合作了。如果你不知道对方的各种怪癖、长期目标还有兴趣爱好的话,你就建立不起来能产生好结果的人际关系。你需要抛开自己脑海中关于好的人际关系的错误假设——

人缘儿——关系在成功中的作用

没有人情味、限制信息获取、完全实用化——你需要用新的人际关系理念来代替那些错误的假设。

什么才是最新的理念呢？你要在始终是纯逻辑的人际关系中，建立起情感联系。大部分业务关系都是单面的，而且由逻辑联系起来：你提供所需服务，然后客户为这些服务付相应的费用。如果你的客户要求你做出一些改变，你就得改变提供的服务。这当然很好。但是，请你思考一下我从咨询业大亨艾伦·韦斯那里学到的真理吧。

逻辑使人们思考，情感使人们行动。

情感总是能促使我们买一些重要的新东西。逻辑也许能让我们对购买某一件物品感兴趣，但是情感才是让我们掏腰包的催化剂。我们跟自己说，我们需要一辆新的SUV（运动型多功能车），因为我们要经常开车往返于多雪地带。但是只有当我们坐进这辆SUV，试开一下这辆车，并且对试车结果表示很满意的时候，我们才会下决心买下这辆车。同理，情感会作为催化剂，促使你的合作伙伴代表你去行动。他们更有可能会帮你在自己的老板面前美言几句，或者在与你建立起情感联系之后，为你提供额外的资源。当你透彻地了解这个人以后，你会促进与他之间的情感联系的建立。

帮助你透彻了解一个人的问卷

我设计了下面的这个调查问卷，它可以指导你从自己的合作伙伴那里获取你需要的信息。你可以跳过一些问题，然后用符合你自身情况的问题来替代它们。比这些问题本身更重要的是，它们能帮助你对涵盖的信息范围有个大致感觉。正如你所见，这个问卷从一开始问的都是一些简单、跟事实相关的问题，然后逐步过渡到一些抽象化的无形问题上——希望、恐惧等等。在每个问题后面，都附有一段内容，用于解释每条信息可以如何帮助你透彻地了解一个人，同时还附赠了如何获取所需信息的小贴士。

1. 你在哪里长大的？

你也许知道自己的同事们现在住哪里，但是你很有可能不清楚他们是在哪里长大的。这个问题跟我们本章的主题有关，因为在你了解了这个问题的答案以后，你就有机会跟对方建立起情感联系了。人们对自己的家乡、上过的高中等等，都怀有强烈的感情——无论这感情是好，还是坏。你会发现，你们双方对待青少年时期有着同样的感受，或者你认识的人里面，有人跟你的合作伙伴是在同一个地方长大的。

> **小贴士**
>
> 在高中时参加过同样的体育活动、相似的家庭背景（例如，父母离异）以及熟知某一个地区，这些通常可以促进双方进行更有意义的交流，而不单是按照往常那样，简单地聊聊对方是哪里人。

2. 你大学是在哪里上的？

同样，大学时候的经历也可以使双方产生情感上的共鸣。大学里的一切，从校橄榄球队的名字、参加了哪个兄弟会或者姐妹会，到上学时最喜欢的科目，都是能聊得起来的好话题。

人缘儿——关系在成功中的作用

> **小贴士**
>
> 寻找一些你们都经历过的大学时候的事情。也许你们的母校曾经是体育比赛上的竞争对手,或者你的好朋友跟对方上的是同一所大学。

3. 你最喜欢的电影/电视节目/书/音乐人是什么(或谁)?

你的合作伙伴很有可能会对上述四个话题之一感兴趣。你们的谈话也许一开始是围绕某一个电视节目或者一首歌,但是这个信息通常能够暴露对方以前不曾表露出来的某一个性格特征。他可能一开始在谈论他喜欢的那个发生在阿拉斯加(Alaska)的电影,进而谈论起自己年轻的时候去阿拉斯加的一次旅行,最后评论说没有留在阿拉斯加,是他这一生中最大的遗憾之一。

> **小贴士**
>
> 鼓励他从谈论某一个具体事情开始,逐渐谈论到情感交流。此外,问一些发人深思的问题,挑起话头:"无论过去还是现在,你最想看到哪两位音乐表演者的现场演出?"

4. 除了工作,你还有什么业余爱好或者个人兴趣吗?

在你深入了解人们酷爱的事情以后,他们会变得活跃起来。就算是最按部就班、在处理日常公事时总保持冷静的业务经理们,在谈论自己作为一个业余厨师的经历或是自己参与的一次考古挖掘时,也会突然变得活跃起来。这些话题可以让你看到对方掩藏在工作时摆出的模样后面最真实的一面。

5. 你在工作中遇到过的最大挑战是什么?

> **小贴士**
>
> 如果你真的想了解一个人,那就了解一下他在业余时间都做什么。你可以通过谈论自己的兴趣爱好,鼓励人们向你敞开心扉谈论他们的兴趣爱好。如果你向他们透露自己收集古旧的啤酒杯子,他们可能会告诉你,他们自己也是收藏爱好者。一旦你发现自己对他们的兴趣爱好也感兴趣,那就多了解了解对方,让他们知道你看重这些爱好。如果这些兴趣爱好真的让你感兴趣,你可以安排对方跟你一起参加一次跟这个兴趣爱好有关的活动。

　　这个问题为人们提供了一个渠道,分享让彼此感到不安的事情、让各自感到脆弱的时刻,以及令各自感到沮丧的事情。你的老板也许就开始谈论他自己的上司有多难相处。你的客户也许会对你敞开心扉,透露自己担心缺少相应的知识和资源,而无法让他在全球范围内开展自己的业务。这些谈话可以帮助你看到自己的合作伙伴平日里隐藏在外表下的一面。很多时候,人们不太愿意向自己的供货商或者下属展露自己温柔的一面。他们觉得自己应该向大家展现出自己可以指挥控制一切的样子。然而,在恰当的时候问恰当的问题,可以帮助他们克服自己犹豫不决的毛病。

人缘儿——关系在成功中的作用

> **小贴士**
>
> 为了确保自己在恰当的时候能问恰当的问题,你可以留心一些线索,以提示自己你的合作伙伴想与你谈论他正面临的一个挑战。再强调一次,你不能简单地突然就问他这个问题。你可以等到老板跟你说:"抱歉,我刚才走神了,因为我一直在受一个问题的困扰。"这时候,他在以间接的方式,允许你问他一个超过你们业务关系界限的问题。

6. 你的人生当中最重要的三个人是谁?

尽管你可能不清楚这点,但是你的合作伙伴在工作之外有自己的生活。你知道自己老板的配偶叫什么吗?你见过这个人没有?你清楚自己的客户有没有孩子,或者他是不是有一个最好的朋友也在同行业做事?也许这些问题的答案跟你无关,因为它们看上去跟工作毫无关系,但是事实不是这样的。建立一个人为的界限来区别开个人生活和工作,这种做法已经过时了。如果你对交谈的话题设限制,那么你也就限制了人际关系的发展。因此,尽情地与你的合作伙伴分享此类信息吧。你也可以看看他是否会以同样的方式回应你。

> **小贴士**
>
> 留心并尊重对方的抵抗情绪。重要的是,如果对方明显感到不舒服,你就不能再逼迫他谈论自己的配偶或朋友。同时,你还要留心对方重复提及的人的名字:"我昨天跟保罗去看那场球赛了,"或者,"上周末,简(Jane)做了一个很好吃的巧克力蛋糕。"这种话也许不会说明对方是什么性格特点的人,但是通过提及这些名字,对方其实是在允许你继续向他谈论这些人。

7. 你曾经最尴尬的时刻是什么?

尴尬时刻会暴露我们人性的一面。这种时刻产生的幽默和痛苦,为我们提供了与对方建立情感联系的机会。当我们在谈论业务的时候,这种机会是不曾出现的。当我们坦承自己做过的傻事时,我们承认自己跟其他人其实是一样的——这样人们便可以跟我们产生共鸣。

当然,你不能脱口而出问这个问题。工作场合在很多时候能给你提供很自然的开头,供你跟对方谈论各自的尴尬时刻。比如,你正在听发言人针对某一个专题进行的发言,他不小心说了一些不合适的话,引得大家哄堂大笑,于是发言人就脸红了。你可以跟自己的老板谈论这个小插曲,然后你们便可以很自然地分享彼此的尴尬时刻——这可以是跟工作有关的,也可以是无关的。

> **小贴士**
>
> 静静听,不要做评判。从字面意义看,尴尬时刻是敏感话题。你不想说:"哇!那也太傻了点儿!你怎么做出那样的事来?"我们的宗旨就是,在对方与你分享这些经历的时候,你不能让他感到不舒服。因此,你不可取笑他,或对他品头论足。

这七个问题不是决定性的。你完全可以再想出101个问题,只要这些问题可以向你提供涉及你的合作伙伴的有针对性的见解。因此,别因这七条在数目上的限制,就感到心烦。只要你们能够找到大家在工作外的任何共同点,你很快就会透彻地了解对方了。

人缘儿——关系在成功中的作用

第一步：越界问题的询问技巧

你可能在读后觉得之前的那七条建议很有道理。但是，如果要你将它们付诸实际，你就会觉得很尴尬或者太有挑战性了。特别是当你面对的是有影响力的人，而你与此人在几个月内或者几年内仅有一些边缘化的业务关系。如果你们之间正常交往的界限已经被界定出来了，那么询问任何个人信息或者职业理想，就好像违反了一些潜规则似的。如果情况是这样的话，你可能不太愿意表现得过于好打听。

问一些工作以外的问题，这一开始可能会让人感到比较尴尬。你需要意识到很重要的一点：与你害怕的事情正相反，你的合作伙伴很有可能很急切地想与你分享他们对职业发展的担忧，或者自己孩子的近况。正如本杰明·迪斯雷利（Benjamin Disraeli）曾经说过的那样："如果你跟一个人谈论与他有关的话题，他会很乐意长时间地听你说话。"无论对方是何等重要的人，或者多有权力的人，他们通常都希望与别人分享自己希望与害怕的事情、每天发生在他们身上的事情，还有他们对本地球队或者近期一次音乐会的狂热。

开始的时候，意志力是最重要的。它要求我们能够为谈话内容找到一些容易进行的切入点。下面是我的建议：

◆ 谷歌（Google）搜索一下你的合作伙伴。在很多情况下，你会了解不少关于这个人的信息，而这些信息你以前也许根本就不曾注意过。我还记得有一次我跟客户方的CEO开会。在开会前，我用谷歌搜索了一下他的名字，发现他是一家芭蕾舞团的董事会成员之一。当我在跟他开会的时候，顺便提了一下这个小细节。这时，他的眼睛都亮了。你可以通过谷歌的搜索功能，掌握一些有用的基本信息：对方上过的大学、发表的作品或者做过的演讲、某一个董事会的成员、义务参与的委员会、社区组织、参与的业余体育盛会（例如，马拉松）。这些信息都可以成为你们交谈的话题。你无须告诉对方你之前谷歌搜索过他们。你就简单地利用这些信息开始话题就可以了。比如："你知道吗？我在考虑要不要参加芝加哥马拉松比赛。你认识参加过这个活动的人吗？"

◆ 讲一个故事。这是一个间接越过既定谈话界限的方法。你不要去问一些会侵犯到对方隐私的话题。相反，你可以讲一个故事，吸引对方再讲给你一个类似的故事——与平日里相比，这个故事可以更多地透露这个人的一切。也许你所在的公司中有人遭解聘了。然后，你可以讲讲自己上高中的时候，因为有一天起晚了，导致自己上班迟到而被暑假兼职工作辞退的经历。这个故事会吸引你的合作伙伴，向你讲述他自己遭解聘的经历。我们通过听对方讲述他们的个人经历，来了解这个人。你不要不好意思向对方讲这种故事。

◆ 问一些简单自然的问题。别费力去问一些自以为聪明、有见解、冗长的问题。人们会在回答一些无伤大雅的问题时，透露一些关于他们自己的信息。最好的一个例子就是："上周末你做了什么有意思的事了吗？"或者，"你这个周末计划做什么？"挑一个时间，很自然地问起这些问题。你应该给对方创造一个机会，让他以一种舒适的方式，与你谈论自己的个人生活。慢慢地，你就可以逐渐地问一些大胆的问题了。比如，"你觉得在你的工作中，哪部分是你最喜欢的？"或者，"如果你可以从事这份工作以外的任何工作，你选择干什么？"关键就是，你要简单自然地问这些问题。如果他们感到尴尬或者勉强，没关系，你再尝试一种新做法。但是，如果你问得越多，你才更能看到人们是多么地想跟别人谈论自己。最终，按照你们谈话内容的逻辑发展、你问的问题和你们建立起的联系，你们会很自然地在彼此心中树立起信心。

你准备好建立一种完善的人际关系了吗？

不是所有人都准备好了。你也许是那种很害羞，缺少自信心，问了一次越界问题以后，一旦遭到对方拒绝就放弃的人。当人们无法完全地了解自己的老板、下属或者客户时，这通常是内部因素在作怪，而非外部因素。当你试图跟老板聊一些深层次的话题时，他也许看上去像在拒绝你。或者，你的下属或客户在这时候可能会觉得你别有企图。但是，我通过实践了解到，这一切都源于内部因素。

当然，感到尴尬是很自然的，而且很多人在试图透彻地了解一个人的过程中，都会经历各种不适的感觉。然而，我们有必要克服这些感觉。为了做到这点，你必须首先意识到什么因素在拖你的后腿。那么你该如何做到这点呢？请思考下面的这些问题：

◆ *你是不是进行积极的自我谈话了？*

透彻地了解一个人

这是老生常谈了。但是当你脑海里出现的谈话情景是积极的，它才能给你一个抓住机会的基础。你有自觉性，而且很有自信。你不会就自己走过的每一步路都提出质疑。你给自己足够的力量，在人际关系方面冒冒险。就算你冒的这些风险没有马上给你带来各种好的结果，你也不会灰心丧气。积极的自我谈话，可以让你以学习的方式与老板或客户分析你们之间的交流内容。如果你问老板关于他的孩子们的事情，可是并没有从他的回答中得到太多的信息，你可以通过自我谈话的方式解决问题。你也许会发现，自己需要问一些完全不同的问题来获取更令人满意的答案。

◆ 你有勇气吗？

你需要主动地冒冒风险，去透彻地了解一个人。这意味着，你需要问一些你以前可能从来没有问过的问题。这还意味着，你愿意回答同样的问题。你有勇气，但是你需要激励自己去做有勇气的事情——这才叫有勇气。你想不想与有影响力的人建立起更好、更有成果的人际关系呢？如果是的话，你便不得不冒冒险，试着去了解他们了……而且还要让他们去了解你。更深层次的联系会为你带来更好的机会。

◆ 你是否真心对对方感兴趣呢？

你觉得自己是那种会对别人感兴趣的人吗？你喜欢认识新朋友吗？你会不会很自然地就挖掘出他们的故事呢？你是不是对这些人很感兴趣，进而想知道他们是怎么变成现在的样子的呢？如果你是这种人，你便能透彻地了解一个人。如果你不是这种人，你也不必担心。本书中教授的内容，跟你学到的其他技巧是一样的。你练习得越多，

人缘儿——关系在成功中的作用

你就能越快将其变成习惯。

内向变外向

我无法引用资料来源,但是我记得自己读过这样一个研究报告。33名自称是内向的人受雇"表现出外向的样子"。然后,在一次需要拉关系的场合,他们去了解别人的兴趣爱好。研究人员给了他们一些具体问题,然后他们拿着这些问题去问别人。研究员还培训他们如何回答问题,以及如何深度挖掘信息。在随后的面谈中,这33个人中有29个人说他们喜欢人们回答他们问题时的方式。他们还表示,自己希望多运用这些自信行为。即使他们一开始会觉得这么做不太舒服,但是他们取得的结果让他们觉得这值得他们去做。

◆ *你能控制好自己的自我意识吗?*

如果你过于关注自己的问题了,你可能就没有动力和精力去关心其他人的事情。能够做到关心他人的那些人,能将自己的事情放在一边,集中精力于别人的事情上。如果你能做到这点,那么这将会对你有很大的帮助。特别是,如果你希望自己对别人能够有更多的了解,而不是只停留在对别人表面化的了解上。

◆ *你是个固执的人吗?*

要想透彻地了解一个人,你往往需要变得固执一些。你的合作伙伴也许会断然拒绝你一开始就让他跟你谈论自己为工作所做的努力。或者,虽然他们会对你挑起的话题做出回应,但他们不会对此显示出多大的热情。这意味着,你不能就这么放弃了。你大可以换一个方式，或者换一个场合，再问一遍这个问题。也许你会惊奇地发现，有些人可能不喜欢在办公室里谈论个人问题，但是他们却会在飞机上吃饭的时候或者喝东西的时候，跟你谈起这些话题。如果你能够坚持不懈下去，你就会有第二次、第三次、第四次机会，让对方向你开口。

◆ 你会问有趣且开放式的问题吗？

有些人有本事能问出一些问题，让别人愿意向他们敞开心扉谈论自己。这比那些只需要回答"是"或者"不是"的问题要有效得多。你可以这么想：比如，你想知道你的客户每年夏天都去哪儿度假——你事先知道，他每年8月有很大一部分时间都在休息。你可以问他："你每年8月都要休假去打高尔夫吗？"或者你可以问他："我一直在想，每年8月你都要花3周时间去度假，在这段日子里你是不是做了一些令人激动的事情呢？比如在某一个第三世界国家进行冒险活动，或者去野外探险之类的。当然，也有可能，你就是打打高尔夫而已，但是我打赌你并不只是打打高尔夫这么简单，对吗？"

◆ 你在问完问题以后，会集中精力听他回答吗？

你可能会问你的合作伙伴，他是否喜欢在社区小饭桌当志愿者。但是，如果你对是否听到对方的回答显得漠不关心的话，你就不会得到什么具体的答复。你必须做到全神贯注地去听别人说话。你希望自己能够给别人留下一个深刻的印象。那就是，你渴望听到他们的答案。如果你是一名全神贯注的倾听者，你的态度会鼓励人们与你分享他们的故事，而这些信息恰恰是他们在工作中不会与别人说起的。人们只有在感觉到谈话对方确实在乎他们时才会与别人分享自己的故事。

人缘儿——关系在成功中的作用

质量是关键,而不是数量

你不一定非得与你的业务伙伴成为最好的朋友。你不必每天花很长时间去观察他们的性格特征。你不是他们的治疗师,你也不该是。有些事情是非常私人的内容。你或者你的合作伙伴不应当与家人或者好朋友以外的任何人,分享这些事情。

我知道,你透彻地了解一个人的速度,会比你预期的要快得多。正如我之前强调过的那样,这也不是一夜之间就能发生的事情。但是在几个月的时间内,你就能逐渐地了解到你的合作伙伴是个什么样的人了。你会对此有一个更加完善的概念。有些时候,几个问题(好比本章开始时提过的那些问题)便可以在你们之间打下共同的基础,而这个基础在多年以前的那种就事论事式的人际关系中,是建立不起来的。如果你下功夫去透彻地了解一个人,你很自然地就会收获好的结果。这是必然的。如果你们双方都愿意与彼此分享更多的信息——从你们最爱的棒球队,到你们对自己兄弟姐妹里有人失业这件事的烦恼——你们会建立起更加稳固的关系。你们之间的关系也会因此而收获更多的结果。

上述这点是很显然的。你可以想想,在这个世界上你最了解谁,谁又最了解你?这些人都为了你付出了什么?他们愿意为你付出多少?当你尽自己努力去透彻地了解一个人时,你们之间会很自然地变得亲密了。同时,你们也会更乐意帮助对方。

所以,尽你自己最大的努力,挖掘一下你们之间的关系,然后使它变得更有成果吧。但是,你要记得将自己思考的结果记录下来。这样,你在将来就可以再次利用这些信息了。建立起这样的数据库可以帮助你从了解对方是谁,过渡到了解对方是什么样的人。这才是成功且高产的人际关系。

对自己实话实说

（并向他人寻求帮助）

人缘儿——关系在成功中的作用

要想将成功上升到一个新的高度，你要乐于向他人征求真实的反馈信息，并且你自己要乐于接受这些获取的信息。

虽然自我意识能够改善我们的工作表现，帮助我们取得职业上的成功，但它也会妨碍我们诚实地面对自己，进而会降低工作效率。如果你处理不好自我意识的问题——也就是说，如果你让它控制你的思维和行动的话——那么你很有可能会过滤掉消极的信息，只听到积极的内容。在本章中，你会看到自欺欺人这种行为对我们所有人来说有多么容易，尽管它会以不同的形式表现出来。它背后的罪魁祸首，通常就是处理不当的自我意识。

有些人的自我意识会阻碍他们去认识自己的缺点。这种人无法在工作中发展深层次的人际关系。他们不仅无法将人际关系上升到更高更有成果的高度，而且缺少维持住现有人际关系的能力。下面的例子就证明了"自我意识的不清晰认识"对人际关系造成的深远影响。

约翰是业内一家龙头企业的高级经理。他是一名很有天分、知识渊博的管理者。他的管理风格恰恰反映出他在高中时代曾经是一名橄榄球明星的经历。就像大多数要求严格的教练那样，约翰坚信恐吓威胁式的管理风格最有效。他会通过向下属大吼大叫来表示自己的不满。这对他来说再正常不过了。更糟糕的是，他有时候会在与客户开会的时候就发起了脾气。约翰缺少安全感，他希望自己能够控制住所有的状况。要想好好地跟他共事，实在是太难了。

与他强硬的管理风格相反，约翰为人还是很体贴的，而且他还有一颗善良的心。他的这些优点会在他偶尔越过自己的工作范围去帮助自己的下属和同事时表现出来。在约翰看来,他对事情的要求虽然严厉,但是却公平。他坚信自己高标准严要求的风格能使他成为一名很有价值、高效的经理。但是,他只看到了严厉的态度会带来的正面效果,而忽略了那些消极的后果。甚至当老板批评约翰乱发脾气以及总是管头管脚的时候,他都在为这些负面的评价找借口。他告诉自己说,老板没有意识到有时候及时控制住情况,是很重要的。他觉得有必要让别人知道,一旦自己犯了错误,那么他在下次犯同样错误的时候,是坚决不会被容忍的。简言之,他的自我意识使他看不到自己犯的错误。

5年来,尽管公司CEO还有其他的高管都觉得约翰的工作风格可能不太适合他们公司,约翰的老板却始终支持他。他之所以看中约翰对公司的贡献,是因为老板们都喜欢能干活儿的人。他错误地认为随着时间的迁移和经验的积累,约翰会有所改变。但是很不幸的是,太多的事情都由于约翰的原因而没有完成。即使老板要求约翰"控制一下自己",他那吓人的处事风格还是变得越发让人无法忍受。在约翰与公司最大的客户进行了一次特别不愉快的交流后,约翰的老板不得不承认约翰确实有问题。迫于自己老板施加的压力,他不得不让约翰离开了。

我以这个故事作为本章的开端,这似乎有些沉重了。可是,我还是有必要讲一讲这个故事。太多的人都表现出与他们的本意完全相反的样子,但是他们却拒绝向别人或他们自己承认这点。向他人承认错误或自己的不安全感,并不是一件容易办到的事情。向自己承认这点往往更具有挑战性。但是,如果你不能坦然面对自己的缺点,你就很有可能会失去别人对你的信任,也会丢掉自己在别人眼中的公信度。

人缘儿——关系在成功中的作用

这一致命的后果可能会对你的人品和你与别人之间的业务关系造成致命的一击。约翰失败的职业生涯就充分证明了这一点。

现在，我们来探讨一下究竟是什么原因使得我们听不进去话，甚至不愿意去探索一下事情的真相。这样，我们才能意识到这些陷阱，然后抓住机会向前进。同时，正像本书中其他章节一样，你会在本章中学到一些小技巧，用以帮助你取得好的结果。

自欺欺人这种行为是很常见的，因为当你照镜子的时候，你的自我意识是模棱两可的。不过，你需要意识到的是，这种自欺欺人的行为可以允许你进行自我表现，但是一旦别人知道了你其实不是像你表现出的那样，那你可就自相矛盾了。你可能会坚决要求承担起一项重大、耗时的项目，但是事实是你的时间不够充裕，你接受的训练、掌握的经验不足以使你完成这个项目。

所有这些都无法让你进行消极的自我谈话。相反，它们会鼓励你采取真实、乐观的态度。性格与诚实度是同事和客户评价我们的基准。只有当你发现自己真实一面的时候，你才能影响其他人为取得成功而贡献自己的力量。如果你想学会如何诚实待人，那就跟我一起看看人们通常都会以何种最常见的方式来欺骗自己吧。在你阅读下面这部分内容的时候，请保持自我评判的态度。

自欺欺人的种种表现

人们通常会以很多方式向自己隐瞒真相。这也许会以很细微的方式表现出来。比如，我们会告诉自己，刚才打电话的时候我们对招揽业务的供应商态度不是很粗鲁，但是实际上我们态度突兀而且很失礼。它也有可能是一个很严重的谎话。比如，我们会否认自己来错了公司，甚至进错了行业。它既有可能在以前就发生过，也有可能会持续好几个星期、好几个月或者在很多情况下都会出现，它更有可能会持续好几年。

很多方法都可以将我们从诚实的轨道上引走。我在下面列举了5个最常见的自欺欺人的方式：

1. 拒绝承认自己的问题或者弱点
2. 装受害者
3. 认为自己如果没有坏运气，那就是根本没有运气
4. 说服自己去相信自己欠缺一些必要素质
5. 过分夸大自己的能力

拒绝承认自己的问题或者弱点

如果你不肯承认自己缺少某些知识或者技能，或者不愿承认你对某一项任务完成得不是很好，那么你就意识不到自己需要在这个领域有所提高。如果你自学生时代起就是一个效率很高的人，这对你来说会显得格外难以接受。对你而言，似乎欺骗自己去相信自己还是一名全优生，要比承认自己考了一个很差的分数感觉好得多。你跟自己说项目搞砸了，是因为对方没有给你充分的时间或者其他有用资源。你坚信自己不需要额外的培训，就可以提高到新的水平。即使不止一个人建议你说你需要的正是额外的培训，这都丝毫不起作用。

如果你否认自己有问题，那你在别人眼里就永远不会有所提高。你的业务伙伴会认为你将自己卡在了现有的水平上，而且你无法或者不愿意有所超越。

人缘儿——关系在成功中的作用

对于咨询专家和企业领导者们来说,与那些拒绝认清自己的人共事,是一件很令人沮丧的事情。我曾经给简做过培训。她是一名非常聪明的银行行长。简受过良好的教育,有着不错的从业背景。她对自己的工作充满了热情,而且非常愿意帮助自己的客户。然而,她的雇员们对她的评估却暴露了一个问题——简在高压环境下,思想会变得很狭隘。当我向简说明这点的时候,她厉声说:"这不是真的。我需要做出行政决策。"我回答她:"但是你的下属们对一个问题感到很困惑。那就是,为什么你向他们征求完意见以后,却没有实施。他们好像就是这么感觉的。"

尽管简依旧情绪激动,而且感到很受伤,但是她的态度却更加坚定了。她说:"我不是狭隘的人!"

在我看来,从专业角度讲,简的情况是个悲剧。她具备取得成功的动力和才智,但是她自己阻碍了自己去提高到新的职业高度。具有讽刺意味的是,在她领导的执行委员会下的所有下属都认为她为人很狭隘,但是她却狭隘地对此做出回应。

咨询大师艾伦·韦斯说过:"你无法将权力施加到那些不愿意被赋予权力的人身上。"

那些不愿意听取别人意见的人身上有着自欺欺人的最明显症状。

装受害者

你告诉自己,别人或者一些你无法控制的情况伤害了你。你觉得这不是你的错。你虚构出一些替罪羊来推卸责任,而不是为你的行为担负起责任。"如果我的客户没有那么小气的话,我完全有足够的资源实现他设定的目标"或者"我永远不会成功,除非我的老板给我充分的自由,让我按照自己的方式做事情,而非依照他的方法办事",这两个说法都是装受害者的典型例子。毫无疑问,同事或者客户在很多时候都不会给你足够的资源或者自由,但是如果你将这个作为借口,然后将其变成一个更大的障碍,那你就犯了自欺欺人的错误了。

而且,你会在之后将自己跟自己说的话付诸行动。你也许不会指责老板或者客户欺骗了你,但是你会成为自己做的事情或者说的话的牺牲品。这些都会一个不小心在别人眼中留下不好的印象。你就预算减少做出消极的抵抗,或者当人们向你询问任务进展的时候,你表现得很慌乱。你可能并没有意识到自己的这些行为,但是你的团队成员们会意识到这些。

认为自己如果没有坏运气,那就是根本没有运气

我对写下这句话的雷·查尔斯(Ray Charles)感到很抱歉,因为很多人都引用了他的这句话。他们说服自己说命运、神或者任何掌控运气的人对他们不利。他们坚信某种外部力量正影响他们的工作表现、工作效率乃至事业上的成功。或者,当他们在工作上取得进展的时候,他们会认为这一切都归功于他人做出的努力。他们就好像找到了反面的替罪羊似的——他们将自己取得的成功归功于别人。

以这种方式欺骗自己的人认为,自己的同事不仅不愿意抓住可以创新的机会,而且还害怕担风险。这些人总是在建议你要小心谨慎,总是警告你一些潜在的风险。他们基本不会做出任何大胆的决定,而且总好像在提心吊胆地等待最后的结果一样。

如果你就是这样的人,那么你就要思考一下了。总是担心失败

人缘儿——关系在成功中的作用

会令他人丧失对你的信任感,而且会影响到你作为团队成员或者领导者时人们对你工作表现的依赖感。做出考虑周全、策略性的决定是很重要的,但是我在工作中接触过的每个行业里的人,都不喜欢与态度消极的人相处或者共事,因为这些人总会按照最糟糕的情况来做决定。同理,大多数客户也不大可能会将业务推荐给那些想法消极的服务提供商或者商人,因为这些人不具备乐观进取、集中精力解决问题的素质。

说服自己去相信自己欠缺一些必要素质

如果你对自己说,你经验不足或者知识储备不够而无法完成某项工作,这种态度最终会影响你完成这个工作。如果你总是下意识地说服自己,说你还不够坚定自信、创新能力不足或者没有资格胜任某一项任务的话,这种态度会影响到你对这份工作的自信心,还会影响到别人对你能力的判断。也就是说,我们的想法会影响到我们的行为。如果你给别人留下了足够深刻的印象,你可能就有效地说服了他们,说你永远也不会达到他们的期望值。正如文斯·隆巴尔迪(Vince Lombardi)曾经说过的那样:"自信是可以传染的。不过很不幸的是,缺乏自信心也是如此。"

更糟糕的是,我们有时候不承认这种消极的自我劝导是一个比任何外力都要大的障碍。这些内心活动会预言你能否实现自己的目标。如果你告诉自己有一些必要的素质是你欠缺的,那么你对这种想法的认可会令你非常相信这种说法。其结果就是,你把自己给毁掉了。你所有的疑问和不安全感都会在你的工作表现和行为举止中有所体现。对于那些与你共事的人来说,你留给他们的印象就是你极端没有安全感。结果就是，同事和客户都不愿意将重要的任务或者业务需求交给你来完成，因为你的行为和态度向他们说明了你无法处理好自己的工作。以最快速度摒除这种消极的自我劝导式行为的方法就是，你首先要承认这种做法会妨碍你取得成功，然后你需要对那些消极的看法持有坚定自信的态度。我培训过公司里的新人还有高管，这个方法帮助他们取得了突破性的进展。不要再走以前的老路了！

过分夸大自己的能力

虽然很多人拒绝承认自己的弱点，但是也有一些人喜欢夸大自己的能力。如果你倾向于夸大自己的能力，你会对自己说你是公司里最好的销售人员，但实际上你也就是处于中等水平。你甚至会跟自己强调，你有竞争到副总裁这一职位空缺的可能，但是实际上你很有可能没这个能力。

虽然积极乐观的工作态度对实现目标来说是至关重要的，但是你对自己能力的认知必须要基于实际情况。这样，你才能够很好地利用它们。你可能会告诉自己，你的能力水平和职业生涯轨迹比实际情况要好很多，但是你不能欺骗自己的合作伙伴。如果你向客户保证得很好，但是却没有及时交付项目结果，你很快就会失去这些客户。此外，说话不算数也会为你带来坏名声。

夸大自身能力与想象自身潜力是完全不一样的。类似"虽然我现在无法很好地管理那个账户，但是1年以后当我具备了一定经验以后，我就可以很好地完成这个任务了"这样的话，是评估自我能力和设定目标的重要因素。拥有雄心壮志和坚定的意志是很重要的，但是你也要从现实角度判断一下自己有没有准备好完成某一个项目，或者

人缘儿——关系在成功中的作用

你自己有没有准备好担任某一个职务，以便将来可以做更多的事情来促进你的职业发展。

积极的自我谈话和不切实际的能力之间，有着模糊的界限。这种不切实际的能力源于一些因素，包括技能基础、知识还有经验。虽然保持自我客观公正的态度对你来说可能具有一定的挑战性，但是如果你不能诚实地面对自己的真实能力、赚钱的潜能、机遇或者优势的话，你会得到事与愿违的结果。

多年的培训经验帮助我很好地洞察人类行为：我们害怕向自己或他人展现我们真实的一面。我将这种想法归因于害怕失败。CEO 们害怕自己会令下属们失望，因此他们告诫自己要"时刻保持自信"。但是自信与脆弱不是一码事。还记得特纳建筑公司的 CEO 彼得·达沃伦的故事吗？他曾经说过："我对这个决定感到很难胜任。但是当我得知自己周围有你们这样一批人可以帮助我继续迈向成功，并作为一个团队有所发展的时候，我顿时感到信心百倍。"这句话帮他赢得了公司上下 100 名员工的支持。

彼得对自己和别人说了实话，可是你却看到他因此得到了人们的信任。他的话将他与其他人连在一起，也使得员工们积极表现，这是他在获取底线利润的基础上额外获得的。特纳建筑公司不是偶然成为业内领头羊的——这主要是因为公司有无畏的领导者，他不怕展露自己脆弱且真实的一面。

如果我们善于欺骗自己，那么我们怎么才能调整好自己想象中的能力与真实的能力之间的差异呢？在工作环境中，那些跟你关系最近的人一般都能看清楚什么是真实的，什么是虚假的。他们比任何人都更了解你——有时候甚至比你自己更了解你。

你不希望看到的结果

人们一般都会认为:"我有什么想法,也就是在自己心里想想而已,不会付诸行动的。"虽然我之前建议过,自欺欺人会极大地影响到你与同事和客户之间的关系,你还是会怀疑这种影响究竟会不会足够大到产生任何变化。毕竟,这看上去不像是你在跟老板吹牛说你无所不能,或者你告诉了客户说你怀疑自己可能无法满足他提出的最重要的需求。

但事实上,人们的洞察力比你想象中的要好得多。他们能够一眼就看穿你,他们会一眼看穿你过于自信的姿态或给出的任何借口。你将对别人的了解憋在心里,不跟他们进行沟通。慢慢地,人们会注意到你不小心留下来的各种证据。这种证据可以是任何事,比如不确定的语调,不愿意跟某一个团队合作,或者控制员工大会。这些证据暗示了你的不安全感、不确定性、你内心的矛盾,或者你不愿为自己所作所为负责的想法,这些都能造成下面的后果:

◆ **你不值得别人信任**:当你不愿面对真实的自我,或看上去好像缺少自我意识时,你可能就会留给别人一个印象,那就是你这人鬼鬼祟祟的,不诚实,或者至少眼下是如此。或许,你在与别人交谈的时候,没有与对方进行眼神交流。或者,你给别人留下了一个印象,那就是对方觉得你对掌握的信息有所隐瞒。不管你是何种行为,如果你自欺欺人,别人就会觉得你不值得他们信赖。

◆ **糟糕的人际关系**:除非你对自己做到百分之百的诚实,否则你无法与他人建立起深层次的人际关系。如果

人缘儿——关系在成功中的作用

你只是让对方知道了你在某些方面是什么样子的，你这么做可能会使那些你想与之交往的人对你有所保留，或持怀疑态度。最终，你永远都不会与他们建立起情感上的纽带，即便这种纽带可以帮助你将人际关系上升到能取得好的结果的高度上。

◆ **缺乏领导才能：**那些不承认自己有缺点或者没有意识到自己有缺点的人们，真的会令他人感到厌烦。最优秀的领导者都会坦诚地面对自己，而且能够意识到自己会在哪些方面影响到别人。自信心、能力、领袖精神，这些都源于他们能够向自己与他人袒露自我。当你遇到这类人的时候，你所见即所得，这是很明显的。你会本能地被他们吸引。如果你自欺欺人的话，你就剥夺了自己成为一名真正的领导者的机会。你的老板只会看到你为人不够诚实或者你的自我评价很糟糕。他们会觉得你不是当领导的料子。即使他觉得你可以担当，下属们也不会追随你。

在工作场合中，人们每天都要处理很多日常事务。他们往往忽略了一点，那就是欺骗这种行为会影响他们在别人眼里的形象。只有当这种行为给他们带来了严重的伤害的时候，他们才会意识到这点。莫莉（Molly）是一家大型电脑咨询公司的年轻合伙人。当他们公司聘用我帮助他们改善内部人员的关系时，莫莉正面临这个问题。莫莉由于自己出色的分析能力，年纪轻轻地就被公司委任为合伙人。于是，莫莉也就养成了一股子高傲劲。因为公司给了她很多责任，她自己又能很好地处理好这些事情，于是她的自负感就过于膨胀起来。以前那些帮助她准确评估自己工作表现、对自己的行为举止提出质疑的自我谈话，也都不复存在了。她脑海里曾经有个小声音建议她采取更好的方法来处理当前的情况。现在，这小声音也不存在了。相反，她相信自己不会做错任何事情。

当然，她确实会出错。在她刚来这家公司的前几年中，她跟一个重要客户建立起了牢固的关系。由于她向客户证明了自己是值得信赖的，该客户便很信任她，并且追随她的脚步。莫莉在成为合伙人以后，开始变得自欺欺人起来，而且她完全忽略了自己的责任。她给客户的推荐产生了非常不好的结果。可是，莫莉却为自己进行辩解，而没有马上向客户道歉。她还说问题一定出在客户身上，因为他在运用她推荐的策略时，没有采取正当方式。人都会犯错误，甚至连伟人们都会犯错。但是，诚实的自我谈话是莫莉首先应该采纳的。相反，她却拒绝承担任何责任，也不承认错误。这直接导致了莫莉和这名客户之间关系的瓦解——瓦解带来的后果就是这名客户（该客户跟莫莉的公司已经合作了12年了，而且他拿着高薪）给了莫莉的公司一个最后通牒——将莫莉从项目上撤走，否则他们会另找别的公司来合作。莫莉的合伙人们知道错误在她身上，于是便将她撤走了。事后，莫莉才意识到她一直在自欺欺人。她一直害怕自己有任何自我怀疑的举动，因为她觉得这么做会毁掉她作为公司的女超人建立起来的完美形象。她其实还有很多东西需要学习。

如何开始对自己讲实话

让你从自欺欺人这种模式过渡到实话实说是有难度的。这难度大部分上取决于你自欺欺人的程度和持续时间。如果你有很久一段时间

人缘儿——关系在成功中的作用

都没有对自己说实话,要你发现实情,然后开始变得诚实起来,会更难。同样,如果你一直不愿意承认自己在工作中是什么样的人,那么你为了改变这点,便要付出更多努力。

幸运的是,你能够做到这点。如果你想坦诚地面对自己,你需要进行自我评估。你要有勇气和意志力。不过你对努力的结果有绝对的控制权。你可以通过面对那些你一直试图掩饰的真实情况,走出正视自己的第一步。每个人其实都可以做到这点。坦然地承认你的缺点和不足,在你跟自己之间会起到更重要的作用,而不是在你与他人之间。你需要记住的是,任何突破都源自于一开始的分解——将事实分解成许多块,然后你再慢慢消化它们。你可以通过问一问自己下面这些问题,确保自己确实坦诚地面对自己,并对别人实话实说了:

◆ 什么事情驱使我这么做?

你可以集中精力回忆一下你在工作中经常说到或者做过的事情,特别是在某些情况下令你不安的话或者行为。你的老板是不是要你参加一场贸易谈判会或者部门会议?你是不是告诉他,你宁愿待在办公室里,忙完一个马上要交付的项目?可是,真的是这样吗?你是不是仅仅因为害怕去参加会议?你是不是在试图告诉你的老板,你就是你自己,你不会去做他建议你做的每一件事情?你需要审视一下自己拒绝他人的真实意图,这样你就可以发现自己的真实想法了。不要满足于简单或者流于表面的答案。如果你告诉自己,"我不愿意去那个贸易展示会,因为那些展示会让我感到很不舒服",那你就问问自己,有没有觉得自己在工作中的角色让你感到很不舒服;问问自己,你觉得这么不舒服是不是跟你的老板有关系。正如侦探们常说的那样:"打破砂锅问到底。"很多人都没有做到这点,因此他们每天就好像见不到日光一样。但是那些能够找到答案的人们却能做到这点。正是他们找到的这些答案,在工作场合中为他们带来了突破性的进展。

◆ 我热衷于做什么样的事情?

这也是一个能让你受到沉重打击的有效问题,但它却是一个极端重要的问题。什么事情会让你火大起来、变得热情起来、激动起来或者受到鼓舞去尽最大努力表现自己?为了得到最有用的答案,当你发现自己对工作不满意的时候,便可以问问自己这个问题。诚实在一定程度上意味着,你要决定自己的工作是否有意义,它是否能让你实现个人抱负。每一种工作都有着它不尽如人意的地方。碰到这种问题的时候,我们可能不愿意自己去做,或者干脆将其分摊给别人。如果你不能对自己的工作保持热情的话,无论你是软件开发员,还是卖广播广告的,你都无法长久地逃避问题。戴尔·卡内基说过:"如果你不喜欢自己所从事的工作,你就永远不可能取得真正的成功。"

◆ 我是天生的赢家,还是只是应付差事?

我曾受雇去培训苏珊(Susan),提高她的演讲技巧。她是一家建筑开发公司的副董事长。她的公司正在竞争一项5.5亿美元的项目。公司建议每位员工都要接受演讲技巧的培训。他们找到我,要我在团队面前专门研究苏珊的表现。我很快便明白了究竟是怎么回事儿。当苏珊站起来发言的时候,她表现得非常机械。她会结结巴巴,低下头,然后读演示文稿(PowerPoint)幻灯片上的内容。面对这样的演

人缘儿——关系在成功中的作用

讲,一般听众会做出什么样的反应呢?他们会对苏珊的团队和他们所在的公司失去信心和兴趣。为什么?因为她只是在应付差事。当我单独培训她的时候,我告诉她忘掉潜在的业务。"事实上,"我说,"请你站起来,然后给我讲讲你的家人,还有你为什么那么爱他们。"

一开始,苏珊很不情愿地看了看我,但是我微笑地鼓励她。于是,她站了起来,然后接下来一切都变了。当苏珊谈论她的丈夫还有他们的三个孩子时,她脸上挂满了笑容、热情和自信。她不仅散发出那种能够建立起人际关系并取得成果的磁场,而且她证明了自己有牙齿,因为她笑了!

这个策略广泛地适用于各行各业,因为它促使人们告诉自己"应付差事"这种态度远比他们想象得要普遍得多。当高管们认真严肃地谈业务的时候,通常来说,那些由于害怕而产生的行为不仅会使客户和员工分心,而且还会吓跑他们,而不是吸引他们。你所处的位置是什么呢?

◆ 我是否害怕展示出真实的自我,因为我"一定得怎样"?

这里有个复杂但是重要的区别:对于你到底有没有自然地表现出自我这个问题,你要坦诚地面对自己。这是很难判定的,因为我们确实会在不同场合下有不同的表现。你该如何与那些只要底线数据的保守派客户进行沟通,这与那个同你一样都喜欢前天晚上打赢比赛的球队的下属,是不一样的。适应能力在你跟形形色色的人搞好关系中,会起到很重要的作用。但是,尽管你的行为会改变,你那真诚的态度和价值观是不会变的。

自我认知的决定性时刻

很多年前,我为一场销售会议担任主讲嘉宾,在座听众有1,900人。当时场面很壮观,有闹哄哄的人群,空气中弥漫的能量与竞争的味道都快烧穿房顶了。我跟听众们沟通得很好,言语上的反馈也很不错,一星期后反馈到我手里的书面评估结果也很好。但是有时候仅是很好是不够的,因为你知道自己能够做到更好。于是,关键时刻到了。

一星期之后,公司将一盘我作为主讲嘉宾的录像带送给了我。你要知道,我是靠给他人培训演讲技巧谋生的。我刚开始看录像,就发现有什么地方似乎不对劲儿。我细致地评判了一下我在录像带中的表现。我的举止、眼神、发声、举动、暂停动作还有肢体语言都无懈可击。但是即便是这样,我还是觉得似乎哪里不对劲儿。我又花了10分钟看了看那个录像,为自己无法得出究竟哪里不对而越发感到沮丧了,因为我平日里就是以培训别人为生的啊。突然,我灵机一动,知道这是为什么了!

我当时表现得很不自然。这并不是说我在表达自己的意思时不够坦诚,也不是说我言不由衷。我当时只是在努力地做一名优秀的演讲专家,而没有自然地表现出自己真实的一面。真实的我其实是一个掌握了坚实演讲技巧的人。在表现与真诚之间,我选择了前者。截止到目前为止,在我的职业生涯中,这恰恰是让我感到最清醒的一巴掌。从那以后,我意识到了自己**首先应该表现自如**,其次才是尽自己最大的努力,运用必要的技能建立人际关系并赢得业务。一旦我开始向别人袒露自己,其结果是惊人的:我的自信心、建立的人际关系以及

人缘儿——关系在成功中的作用

通过人际关系取得的成果，都已经步入正轨。努力成为不二人选所带来的压力，也几乎没有了。这样一来，我在商界和人际交往方面的成长空间就是无限的，而且我明白自己之所以这么做，都是源于真实的自我。我这么做不仅可以在工作中解放自我，在其他方面也是如此。但是如果我没有站在第三者的角度观看那个录像带，深入地了解我自己，这些好的结果都不会发生。观看录像带让我了解了感知定位——这是一个能够帮助你发现真实自我的技巧。

感知定位

大多数的领导/专业人士们都觉得自己能高效地与他人建立起人际关系。但是，这与别人实际怎么看待他们之间是有区别的，而且这二者往往区别很大。我们的目标其实就是将这两者结合在一起。我们可以通过运用感知定位这一步骤来实现这个目标。这个步骤就是消除意图与感知之间的鸿沟。要想做到这点，你需要清楚地认识到自己在别人眼里是什么样的，这样你就可以站在第三者的角度来看待自己了。此外，这一通往成功交流的重要道路，保证了你自己为了自身的成长，愿意接受血淋淋的事实。

正如你所知，反馈信息是很重要的一步。它可以在帮助你认清自我、赢得别人的信任感、改善你的人际关系能力以及对自己的能力进行准确的评估这些方面，起到重要作用。这对树立自信心、提高工作表现以及加强与他人的联系来说，是很好的工具。在此状况下，它可以帮助你来决定你告诉自己的内容是不是与外部世界观察到的一致。你可以通过下面的练习，决定你对自己的认知和别人是怎么看待你这两者之间，是不是存在分歧：

对自己实话实说

◆ 找4—7个可靠的同事。他们是了解你的工作表现的人。你问问他们是不是愿意就你的工作表现,诚实地谈谈他们的看法。

◆ 在纸上简单地描述一下你在工作中的优势和劣势。你可以集中观察自己为公司和所在团队做出了哪些贡献,以及你在哪些方面还有不足之处。

◆ 向那些愿意参与的人发送一份评估表格,上面有如下三个问题:

1. 如果我想在工作场合中改善我的表现以及与他人的关系,我该开始做什么呢?

2. 我该停止做哪些会有损我的表现以及与他人关系的事情呢?

3. 我应该继续做哪些事情,来帮助我改善工作表现以及我与他人的关系呢?

◆ 在你收到大家对问题的回答以后,可以将它们与你自己准备的优点和缺点的书面描述进行比较,并找出不同之处。

◆ 如果在那些为你提供反馈信息的人当中,有一个人或者多个人愿意帮助你,那么你就可以安排他们与你面谈,讨论一下你归纳出的这些不同之处。这样你就可以向他们问一些问题,以帮助你了解你们之间在哪些方面持不一样的观点。你需要虚心接受你将要听到的一切内容。

这个技巧在有些地方与全方位评估你的行为表现这一方法,是类

179

人缘儿——关系在成功中的作用

似的。不过这两者唯一的区别是，所有的跑腿工作都是你在做。这个技巧有一个很现实的不利之处，那就是一些人对进行这样的练习会感到很不舒服。不过，优势也是有的。那就是，你会发掘新的洞察力，并建立起能极大地影响到公司和你自己底线的突破性关系。

我的公司曾经花了3年的时间跟一个客户进行合作。在此期间，在一个大公司的52名高管中有51名都觉得这个练习是他们职业生涯中最好的学习成长经历之一。他们中的许多人在业内已经工作了3年了。

感知定位这个练习很奏效，但是你该如何表述它尤为重要。你一定要告诉参与者们，你希望对方能够为你的职业发展提供诚实的反馈信息。

下面的样板说明可以帮助你进行这一练习：

亲爱的简：

正像我之前跟您说过的那样，我把有关我的领导才能、工作表现和行为表现的评估附在了这封信的后面。（这里面会包含我之前提到过的那三个问题。）

为了帮助我进一步提高领导能力，并为公司做出更多的贡献，**请麻烦您保证自己能够百分之百、诚实地回答下面的问题**。如果我想保持住现有的优势，同时根除那些可能会危及到我、我的团队以及咱们公司的不足之处，那么唯一的方法就是让我知道能实现这些的机会是什么。

此外，如果您愿意，我还想跟您面对面地花20到30分钟，谈一谈您给我的反馈内容。在我们面谈之前，请您将问题的回答用电子邮件的形式发给我，这样我便可以浏览一下这些回答，然后准备一下我要问的问题。当我们面谈的时候，请您从评估结果中选出三个重要的焦点讨论内容：

1. 详细说明我的优势，这样我便可以在此基础上改善我的工作表现。

2. 详细说明我在哪些方面需要进一步改进。

3. 提供一些您觉得可以帮助我在领导能力方面有所提高的建议和方法。

我有时间可以详谈这些内容的日子有：

1.

2.

3.

（请在此处提供三个时间，好方便你花20—30分钟跟对方进行详细的面谈——你要确保在你们面谈前24小时内，你有充分的时间进行评估。）

我感谢您给予我坦诚的反馈内容。感谢您帮助我成为一名更好的领导者。

乔

我还有一条建议。那就是，如果你觉得自己不好意思单独进行这个感知定位练习，那么就叫上别人和你一起做。让你的团队成员在他们之间互相交换问卷调查，或者让你的销售团队与客户交换问卷调查。在我与专业组织合作的这么多年当中，参与者都很积极地配合我，完成这个练习。这么做也能帮助人们增长知识，提高工作表现。

人缘儿——关系在成功中的作用

反馈工具

越来越多的商务人士都处于自动执行模式中，他们不会对自己或自己的能力提出质疑。他们不会去花时间分析自己打定的决心或者诚实问题。相反，他们会掩饰自己的不安全感，否认存在的问题。或者，他们干脆就采取愤世嫉俗或者消极的态度。这样，他们便可以避开提问或者回答一些暴露性问题。

下面的两个很实用的方法可以帮助你了解自己还有你的能力：

◆ 运用你自己的录像带，阐明反馈信息。

换言之，你可以通过视觉证据，判断你对外表达的意思（你对别人的影响）是不是与你内心要表达的意思（你的意图）是一致的。理论上讲，你可以找一个人，请他帮你把你在不同场合下的表现录下来——比如报告中、会议中、一对一面谈等等的场合下。如果你能够忘掉摄像头的存在，你就能自如地展示自己，并且能够找到实用的工具来评判并改进你掌握的技能。一般来说，人们很快就会忘记摄像头的存在，恢复自己的本来面目。（你也可以想到，光是一个摄像头就会让你看上去好像增重了40磅。这当然没有展示出真正的你。）

◆ 根据你得到的反馈信息以及你问自己的问题，练习诚实的自言自语。

你当然不用在周围都是陌生人的情况下，一边往火车那里走，一边大声地说话。当然，自言自语在一开始可能会让你感到很别扭。你可能会经过很多次的练习之后，才能明白并接受你发现的新事实。你的反应会马上恢复到以前自欺欺人的状态，尤其在你感到有压力的时候亦是如此。当你在工作场合犯了一个错误的时候，你可能会找个借口说明这为什么不是你的错，为什么这并不能说明你的弱点或者不足。你也有可能会采取更加悲观的态度，进一步放大错误，以至于这个错误变得比实际情况看来要更严重。要想克服这些下意识的反应，你唯一要做的就是，不断地问自己之前谈过的那些问题，不断地从可靠来源处寻求反馈信息。这些都是帮助你认清事实，并在你告诉自己的真实情况中，将事实反映出来的最好方法。正如你经历过的那些激烈场景一样，在事情过后，一般都是头脑冷静的人会获胜。为了建立起更加稳固的人际关系，说出实话的关键就是按照事情真实发生的状况，向自己说实话。这当然说起来容易，做起来难。但是，关键是你要去运用这种方法。这始于根除那个妨碍你取得成功的最大障碍——那个隐藏在你内心中的玩世不恭的声音。

对自己说实话

我们对待自己、自我意识以及对真相的阐释所能带来的最好的事情，就是我们总有机会让事情变得有所转机。斯蒂芬妮（Stephanie）就是这样。她是洛杉矶（Los Angeles）一家顶级电台的销售人员。她自信外向的性格帮她拿到了30万美元的年薪。斯蒂芬妮觉得自己在电台销售领域已经有所建树，现在她想要更多的东西。由于之前积攒了很多人脉，斯蒂芬妮后来离开了当时所在的公司，去了一家知名的商业房地产公司，在那里担任业务发展经理。虽然她的基本工资比她在电台的时候要低一些，但是她能有很多收取佣金的机会。一旦她

人缘儿——关系在成功中的作用

成功地执行项目销售计划，那么挣到的钱会是她在电台所得收入的3到4倍。虽然斯蒂芬妮对商业房地产业一窍不通，但是她对自己与人打交道的技巧以及与他人建立关系的能力是很自信的。在新单位的第一年里，无论从经济还是情绪上说，斯蒂芬妮都面临着极大的挑战。她没有按照之前保证过的那样，完成自己的指标。也没有为公司带来更多新客户。她也不太适应在一个一直以来都是以男性为主导的行业中工作。她所在的公司里所有赚大钱的人，都是男人。在第一年当中，斯蒂芬妮告诉自己问题出自性别歧视，因为她不是精英俱乐部的一员。而且，很多潜在的客户都拒绝了她，就因为她是一个女人。她的自我意识蒙蔽了她的双眼，让她看不到自己遇到的这些问题可能源于其他原因。

斯蒂芬妮的老板德里克（Derek）知道问题的深层次原因，但是他想让斯蒂芬妮自己发现问题所在。这就是为什么在进行完对斯蒂芬妮的年度审查以后，德里克叫她考虑下面的这个问题："什么是你个人发展中最大的阻碍呢？"他告诉斯蒂芬妮在周末的时候好好考虑一下这个问题，然后在星期一的时候告诉他答案。

斯蒂芬妮在开车回家的路上思考了这个问题，并重复了自己一贯的看法："我是一个女人，一个在以男性为主导的行业里打拼的女人。德里克看不到这点，因为他是一个男人。"然而，她越这么对自己说，就越发意识到，她的答案不是百分百准确。当然一定程度的歧视确实存在，但是事情远非如此简单。在周末的时候，斯蒂芬妮突然明白了一点。尽管让她接受这点很难，但是她意识到这是对的。

"我自己就是自己通往成功的最大障碍。"她在周一与德里克会面的时候如是说，"作为一个女人，我没有安全感。我一直姑息这种不安全感。我不知道的是,这个行业先对我说了'不'以后,我才给别人一个说'是'的机会。但是你雇佣我不是因为我是商业房地产业的专家,而是因为我可以与他人建立起人际关系,创出利润并维系好人际关系。"

德里克虽然很相信斯蒂芬妮的能力,但是他也不确定她会向自己坦诚自己害怕的事情。可是斯蒂芬妮却这么做了,而且是真心实意地这样认为的,这就更加坚定了他对她的信心。而且,他钦佩并且尊重斯蒂芬妮自愿地意识到自己的不足之处。他知道这对斯蒂芬妮这样的人来说是一件很难办到的事情——因为这种人在自己的职业生涯中已经取得了一定的成就,而且他们的自信心在获取这种成功的路上是很重要的。因为斯蒂芬妮意识到了事情的真相,德里克变得比以前更加支持她了。他坚持花更多的时间教会斯蒂芬妮商业房地产业的相关知识,并且帮助她想出了一条对策,从而建立起更多、更好的关系。德里克没有食言。斯蒂芬妮在该公司工作的第二年中,已经挣到了875,000美元。在她的努力下,公司的销售额增长了22%。

承认自己的短处并根除自我意识造成的障碍,并不是一件容易的事情。坦然面对这些痛苦的事实,会为人际关系的建立和维系带来极大的回报。正如斯蒂芬妮学到的那样,坦然面对自己能够促使她的老板为她做出更多的事情。实际上,即使斯蒂芬妮仅仅简单地面对事实并且对此有所行动(但是并没有告诉德里克这一切),他们的关系一样会受益,因为斯蒂芬妮从此会以一个完全不同的方式对待她的工作。因此,关键就是要对自己说实话,并且让其他人也这么做。只有那些能够坚持彻底寻求事实真相的人,才会改善业务关系并从中有所收获。

更多地给予他人

人缘儿——关系在成功中的作用

想学点儿在你能力控制范围内，能帮你带来底线经营绩效的东西吗？

养成给予他人更多东西的习惯。

玩世不恭的人和总是持反对意见的人会厉声斥责这种说法。这就好比一只被逼入墙角的松鼠一样。他们会说："你之所以给予，是因为别人让你这么做的。这样做其实行不通，而且这么做操控性太强。"

*新闻快报：*其实这样做是行得通的！这么做并没有操控性。这其实是一个很棒的行为策略。给予这种行为意味着你在发展一段人际关系中做了投资，就正如保持一个好身体对你的身体健康和精神健康来说都是一种投资一样。你可以回忆一下，当自己不想锻炼的时候，你还是去健身了，你在健身之后有什么感觉呢？很棒，不是吗？

给予就是一种锻炼。在恋爱关系、朋友之间以及工作上的合作关系中，如果我们不承认自己有时候不想给予或者帮助他人，那么我们就是大骗子。尽管我们有时不愿承认，但是我们还是会去给予或帮助别人。你在这之后有什么感觉呢？很棒，不是吗？

我针对本章的开篇观点就是，事情可能会有相反的一面。人们可能会感觉要那样做，之后会有相应的行为，就好像他们别无选择似的。我挑战你去做相反的决定。按照你自己的意愿坚持你自己的行为并赢得别人对你的感激，仅仅因为你做了对的事情。哦，这一行为策略也很有可能会帮助你挣大钱、增进双方之间的信任感、提高你周围人的工作表现。现在让我们弄明白个中缘由。

给予这一举动在任何一段业务关系中都是赠予式的。人们指望你在一段人际关系中给予一定的时间和精力。如果你向上管理,你的老板需要什么,你就要给他什么,因为这样你就可以帮助他完成团队任务或者实现工作目标。如果你"向下管理",你将必要的信息和支持提供给你的下属,这样他便可以成功地完成自己的任务。

在职场上,很多人都是只给与别人必要的东西,而不是做出最适宜的投资,尽管这么做会为他们带来巨大的回报。人们也会根据需求或者他人的期望进行给予,但这限制了他们的贡献以及感知价值。我们有必要越过自己的特定角色来思考问题。就给予而论,创造力与勇气是取得突破性进展的关键因素。

给予这一做法的美妙之处在于,它并不需要你去花时间和精力来取得重要的结果。有时候,善意的话、表示支持的想法、一段简短的留言或者能引起共鸣的东西都会为给予者带来互惠互利的好处。不过,这就需要你将给予这一做法当成你需要优先考虑的事情来办了,而不是看情形做出反应或者把它当成强制性的任务。

通过乐善好施,你便可以超出同事们对你的预期值。正如你将要发现的那样,当你给予他人的东西超出了别人对你的期望值,你的收获就会超过你所给予的。为了帮助你明白这个看上去自相矛盾的观点,我要跟你讲讲我最近跟一个客户互通电子邮件的事情。

给予是一种态度,也是一种行动

玛丽是一家中型企业的员工,她给予自己老板的东西总是会超出他们的预期值。就说最近的一次任务吧。玛丽工作非常地认真努力。她不仅贡献了自己的时间,也运用了自己的商业才能。她的这一努力

人缘儿——关系在成功中的作用

换来了下面这封来自她老板的电子邮件，这封邮件同时也被发送给了公司的其他主管：

同事们：

我想向大家表扬一下玛丽在本月中取得的成就。我刚刚完整地审核了一下2008年1月的THL系列产品报表，发现玛丽准确地完成了这些报表。她周日到公司从头到尾完成了所有的报表，其中包括2008年新年的报表。玛丽是去年12月14日到公司的。这是她来公司后第一次做新一年的投资报表。她将每一个投资组合以及顶级基金与2008年核准的计划数字持平，并确保了前一年的数字与2007年12月31日我们汇报给投资人的数字相吻合。此次报表的每项安排都需要更新来展示新一年的信息，这也是玛丽独立完成的，而且丝毫没出任何错误。这说明了玛丽对财务报表产品有着透彻的理解。我们的客户此时也正忙作一团，可是玛丽按时并且很早地就完成了他们的信息，这就确保了我们有足够的时间进行审查。

玛丽，你干得不错！你为这项工作付出了劳动，在现在这个紧急关头，为我们团队实现奋斗目标做出了杰出的贡献！

我们感谢你所做的一切！

索尼娅（Sonya）

下面是玛丽对老板电子邮件的回复：

噢，我的天！

更多地给予他人

太感谢您了！我现在已经说不出话了……我很爱我所在的团队，而且我也十分喜欢自己的这份工作。我不能接受所有的功劳，我是在和您能想到的最好的团队一起共事的。与这样的团队共事让我有种自我实现感，这让我能够为团队的成功与生产目标的实现贡献自己的一份力量。我对此感到很高兴。再次谢谢您。

玛丽

由于给予，玛丽通过老板的电子邮件，从同事那里收获了大家对她付出的努力与所做贡献的认可，最终连CFO都知道了此事。这不仅让她感到很棒，同时也让管理团队的重要成员们了解到了玛丽的突出表现。玛丽的老板竭尽自己所能让大家都知道玛丽的成就。她之所以这么做，是因为玛丽在工作中的表现已经超出了她自己的使命。

玛丽将给予当成是一种态度，这使得从客户到公司CEO们每个人都想让她成为自己团队中的一员。有影响力的CEO们会为玛丽这样的人竭尽所能，因为他们从玛丽那里得到了很多，结果很自然地他们会给予同样的回报。

我们也不要忘记索尼娅的贡献。通过她对别人辛勤工作的认可，你难道不觉得玛丽对该公司的信任感以及她今后的表现会继续提高吗？如果更多的经理们愿意坚持认可并鼓励自己的员工，你难道不觉得这会积极地影响公司的盈利吗？

那些只相信"认可作为报酬就足够了"的人，是不会理解有影响的领导力的价值的。

人缘儿——关系在成功中的作用

在你刚参加工作的时候，你也许不会将给予当成一种态度来对待。但是当你继续往下读本书的时候，你会发现其他新的想法。它们帮助你在所有的业务关系中，将给予当成是一种永久性的习惯。然而很不幸的是，我们很多人都无法超出别人对我们的预期值，给予我们的老板、团队成员或者客户更多更好的东西。这是为什么呢？

为什么我们在办公室里无法给予

下面，你可以诚实地问自己：你在工作场合中是不是坚持认可他人的付出？在我多年的培训生涯中，我发现很多人对此感到很尴尬或者不确定究竟要不要为老板或者客户付出超出他们预期值的努力。事实上，人们会因为以下五个理由无法百分之百地为他人付出：

1. 不安全感。

如果让你说出你们公司 CEO 的最好品质，并要求你直接向他表明你有多欣赏他的这种品质，你该怎么说？如果有人让你这么做的话，你的第一反应会是什么呢？你会感到焦虑、恐惧，还是无法诚实回答？你是不是找不到合适的话语了？你会不会担心 CEO 会觉得你别有用心——比如你意在谋取升职或者加薪？

这些都是常见的反应。你不想冒着让自己感到不舒服的危险。这种不舒服的感觉也可能源于你觉得这种鼓励是不合适的。你感到在工作场合中，向如此有影响力的人表达你的这种情感是很不合时宜的（前提是，假设你跟我们谈论的这个人相处融洽，或者你尊重他）。虽然人们能够轻易地称赞自己的朋友或者家庭成员，但我的很多客户都表示，在工作场合中这么做会让他们感到很不自然，而且比较有风险。谨慎行事更容易些。

2. 缺少自律习惯。

每个人都有他日常需要处理的事情。鼓励并帮助你的业务伙伴，给他提出好的建议，这些很有可能并不是你日常要做的事情。相反，你有一系列已经规划好的标准常规来完成必要的任务，并执行那些与任务相关的习惯性行为。这其中会包括给老板、同事和客户发电子邮件，告知他们你在某一个项目中的进展，还包括跟同事而不是你的老板一起喝咖啡，或者跟客户随便聊聊与工作相关的事情，但是你不会跟对方谈论他对职业的关注点。

这种以工作为导向的想法，会限制我们在人际关系中的发展。尽管这可能听起来很刺耳，但是这么做无法更快更好地帮助你取得好的结果。我们可能会就此感到，如果我们偏离了自己日常需要处理的事务，别人会觉得我们很奇怪，因为我们打破了常规。然而，正如美国一名知名管理培训师马歇尔·戈德史密斯（Marshall Goldsmith）所说："那些帮助你取得现有成就的东西，无法帮助你进一步提高。"这意味着，当你开展一段人际关系的时候，你需要养成真诚地认可并鼓励他人的习惯。

3. 自私。

从某种程度上讲，我们每个人都会把自己的利益置于他人利益之上。但是，你不能因此便让自己变成一个自私的人。然而，在当今这个僧多粥少的职场上，政治在决定谁能分得一羹粥上起到了很大的作用。人们会因此变得自私起来，他们在做事情时不会去考虑他人的感受。他们的理由就是：如果我不能获利，凭什么他就要获利？人们觉得帮助他人实现目标或者鼓励别人实现个人发展，是浪费精力的事情，因为他们无法从这种做法中得到什么好处——至少看起来是这样。

4. 缺少工具。

很多人从来没有学过如何积极地鼓励他人。没有人会请他们坐下来，然后对他们说，"我现在给你几个选择，你可以运用它们为有影响力的人提供帮助和出主意"，或者"你可以用下面的方法来帮助某一个有权威的人"。因为别人没有给过他们任何关于如何给予的建议，所以他们就什么也不去做。

5. 反向优先权。

很多职场上的人都有这种以工作为导向的心态。他们通常觉得，这种心态要比与此相反的积极地鼓励别人重要得多。如果你今天因为我与客户相处得很好而表扬了我，这自然而然会鼓励我明天能做得更好。然而，人们将自己所有的精力都花在完成任务上了，他们不会花时间和精力去干别的事情，就算这些事情也许并不会占用太多时间，他们也不会去做。他们可能会认识到，给予对于他们的合作伙伴来说是他们应该去做的，但是他们还是不会抽时间去做这些事情。他们不明白那些取得成功的领导们所掌握的秘诀：人比工作要重要。

以上五个原因是重要的障碍，它们会阻碍你超出别人对你的期望值。为了消除这些障碍，你必须首先要意识到它们的存在。当你意识

更多地给予他人

到自己优先考虑的事情是相反的，或者自私、不安全感等因素正妨碍你给予他人更多有价值的东西，那么认清这点便可以帮助你有意识地努力克服或跨过这些障碍。

它同时还能帮助你从行为上给予那些与你共事或者建立关系的人们。有时候，你只需要知道究竟都有哪些不同的方法可以帮助你在老板或者客户的职业生涯中起到重要作用就可以了。记住这点，你就可以审视一下你可以做出哪些选择，在别人的工作中发挥作用。

做出重要贡献

你知道当人们没有为自己的配偶或者父母买礼物时找的借口是什么吗？基本上就是比如："我没什么好买的，因为他/她什么都有了。"人们在工作中用的也是这种错误的借口。他们会假定一名高管什么都不缺少了——建议、信息、支持以及想法。事实上，大多数人无论多么有影响力，他们都会觉得自己缺少这些东西。

你可以想想自己能为帮助团队成员实现目标贡献什么。与其他的方法相比，下面这四种更为常见：

1. 提供教育机会和向上培训

   ◆ 教会你的老板或者客户使用一个你擅长但是他不会的与技术相关的技能。

   ◆ 搞明白你的合作伙伴缺少哪些信息，然后找到他需要的信息。

   ◆ 与你的合作伙伴分享你从个人经历中学到的东西，

人缘儿——关系在成功中的作用

它必须与对方关心的事情有关；给对方发言的机会，然后**倾听**他们讲话。

◆ 与同事或者客户见面，免费为他们提供知识交流；运用知识交流的机会去了解那些与他们的业务相关的重要发展趋势。

◆ 建立白皮书、新闻电子邮件或者其他交流工具，总结某一个既定相关领域的最佳实践方式。

2. 通过坦率[①]来贡献自己的力量

◆ 通过一个（你相信的）主意，态度友善、自信地去挑战一下你的老板或者客户。这个主意要与他的一贯作风相反。

◆ 就你所在团队里的某一名成员最近做的一次陈述提供你的反馈信息，内容包括他的优点以及需要改进的地方。

◆ 指出客户的经营策略存在哪些潜在的风险。

◆ 如果你觉得自己的合作伙伴在以某种方式毁坏他的职业生涯，你要坦诚地告诉他。

3. 通过给予机会和权力下放来贡献自己的力量

◆ 你上了一个新项目，新项目与团队目标或者你的合作伙伴的职业发展目标有关。如果你发现了有价值的东西，

---

① 正如第三章所提到的，你在运用这一方法的时候需要谨慎小心，并且要有策略。但是，本着帮助的原则后退一步，是很多专业人士从来不曾享受过的，特别是企业里那些位高权重的人们。

那么就与他分享你所了解到的一切吧。

◆ 指导你的团队中或者客户公司里那些需要你帮助上升到新阶段的人，因为你了解同事或者老板希望他们能做得更好。

◆ 向你的客户推荐一名你很信任而且看重的供应商。

◆ 由你的公司赞助一次慈善活动，你知道你的客户会支持这种活动，或者那些活动聚焦的内容正好是客户很关心的问题。

4. 通过认可他人来贡献自己的力量

◆ 写个便条，或者在备忘录中，就你的老板或者客户的某一个很重要的想法或者举动，赞扬一下他们。在你们或者他们公司里模仿一个有影响力的人的做法。

◆ 当你的合作伙伴感到沮丧的时候，鼓舞一下他的士气。提醒他意识到自己掌握的技能还有知识使他工作起来很有效率，而且他是一名很有吸引力的职位候选人。

◆ 当团队成员们要赶时间完成任务，或者提交已经审批通过的建议书的时候，请他们出去吃一顿，或者为他们做点儿什么事情，来庆祝他们取得的成就以及起到的作用。主要就是要让他们过得开心。

◆ 就团队里每一个成员的特质和优势，积极直接地对待他们。让他们知道，他们的工作表现是如何帮助了你的团队取得了重要的里程碑式的进步。

人缘儿——关系在成功中的作用

你如何判断究竟应该贡献什么？

这个问题困扰着很多人，因为这些人想在人际关系中突破人们对他的最低期望值，但是却不知道该怎么做。他们真心希望协助自己的老板实现他们的职业目标，或者在老板感到沮丧的时候给予他们情感上的支持，但是他们往往不知道老板的职业目标是什么，也不清楚对方在什么时候会对工作感到很沮丧。

这是一个很常见的情况。正如第六章中所提到的，我们对自己的老板了解的程度往往远没有我们对自己生活中认识的人了解得深。尽管我们也许了解老板们的工作风格——也许他们坚持细节，喜欢干净整洁——他们也许会跟我们大致地聊聊自己的日子过得如何——比如他们的孩子在棒球比赛中击出了一个本垒打，为自己的球队打赢了联赛——然而我们却不了解老板们对个人职业发展的期望、个人梦想、担心的事情以及遇到的问题。

为了改变并杜绝这种情形的发生，你可以使用下面的这个"私人侦探练习"：

挖掘有关你的合作伙伴的一些重要情况。特别是将下面的这些信息作为调查研究的一部分：

◆ 他工作中的哪部分是他的心病？什么事情会让他晚上失眠，并给他带来巨大压力？

◆ 他的职业梦想是什么？他希望在未来10年内取得什么样的成就？

◆ 是不是有什么事情在妨碍他表现出自己的最佳状

态，无论是对他的个人生活还是他的职业生涯来说？

◆ 他是不是觉得公司里有一些人是他很难对付的？

◆ 他在一天当中都经历哪些小事情呢？他是否喜欢某一个口味的咖啡？如果有人帮他整理办公室，他会不会情绪好一些呢？

◆ 他讨厌完成哪些类型的任务——无论是文书工作、处理电子邮件还是出席会议？哪些活动是他很讨厌参加的？

◆ 他觉得在未来一年里能够让他对公司产生影响的最大机会是什么呢？他最想完成的一个项目或者承担的责任是什么呢？

为了有效地完成这个练习，你可以先温习一下下面的这些小贴士：

◆ 使用事先准备好的问题。思考一下你想问的问题，以便获取你需要的信息，这样你就可以更好地满足你的合作伙伴提出的需求了。计划好在什么时间问什么样的问题。比如，思考一下你该如何挑起话头来决定你的合作伙伴是否正与某位同事闹冲突。也许你可以通过下面的这些话来挑起话头："我听说老板让吉姆负责那个新团队。我在想他有没有耐心与团队里的各种人打好交道。"这么说比直截了当地问对方："是不是只有我一个人，还是大家都觉得吉姆就是一个急躁的白痴？"更能获得令人满意的回答。

◆ 抓住对方细微的反应。仔细观察你的合作伙伴。他可能对你问的问题不能完全坦诚地进行口头上的回答。但是如果你观察他的态度以及他在各种情况下的反应,你会从中发现很多问题的答案。做苦相、皱眉、微笑还有点头都能让你知道这个人是如何看待别人或者各种情况的。你的老板是不是在谈论自己业余爱好的时候突然变得兴奋起来?当你客户的老板走进来的时候,他是不是会变得格外的沉默?仔细观察你与对方在交流时的细微之处,这会帮助你读懂你的合作伙伴,并搞清楚你在什么地方能为他提供帮助。

◆ *关注说话的人*。一个好的探员知道自己可以通过直接或者间接的手段来搞清楚一个人。很明显,许多在办公室里进行的谈话,也不过就是流言蜚语或者办公室政治。你需要从糟粕中提取精华。然而,常言道:公司里的每个人,都很清楚别人的事情。谁与谁之间,发生了冲突;谁有什么野心;谁有什么独特特质。这些通常都是很准确的信息。如果你是个老手,那么你在听到这些谈话的时候,就会了解公司里那些有影响力的人们的不少事情(因为人们谈论得最多的,往往就是这些人)。

这种调查工作的动力不是让你去打扰别人、八卦别人或者窥探别人的隐私。相反,你需要更好地了解你的老板、下属还有客户,这样你才知道如何更好地贡献自己的力量。你有足够的时间和精力去做这些事情,而且你获得的信息能帮助你为你的同事们做出有意义的贡献。这其实是聪明地工作与辛勤地工作之间的较量。下面,我们举例谈谈你可以做到的各种具体类型的贡献。

更多地给予他人

贡献式的话语与行为

提前了解你的合作伙伴有什么需求,并实现它们

这就好像你知道他是怎么想的一样。通过问问题、仔细观察还有认真倾听,你便能知道你的客户希望了解那个将产品引入中国的竞争对手发展得怎样。于是,你对此进行研究并将结果呈现给他。他简直无法相信。他告诉你其实他正想让你做这件事,但是你提前就办好了。

预知别人的需求是任何勤奋、善于观察的人可以掌握的技巧。掌握这个技巧便可以真正巩固人际关系。做出这样让人意想不到的努力不仅能告诉对方你在意对方的需求,而且说明你很了解对方,知道他会让你这么做。这不仅帮你建立起信誉,也巩固了你的名声——无论你走到哪里都是如此。

坚持表明你关注对方

你不必为了贡献自己的力量而做力所不能及的事情。你不仅可以在一些大事上做出超出别人预期的事情,也可以通过一些小事情来做到这点。比如,凯莉(Kelly)是丹佛(Denver)一家建筑公司的初级工程师。她所在的项目团队目前正忙着跟一个客户进行价值4,800万美元的修建项目,他们每周一都要与客户见一次面。除了凯莉以外,还有他们的客户约翰、他的员工以及凯莉团队的人,其中包括一名高级工程师、项目经理、运营经理。这些人的级别都比凯莉要高。

大家顶着在预算范围内准时完成项目的压力,这使得会议气氛往

人缘儿——关系在成功中的作用

往变得很激烈，结果就是大家说话时的嗓门都提高了八度，而且频频进行激烈的争辩。凯莉是唯一能够保持冷静的人。她话虽不多，可是一旦轮到她发言，她会问一些很好的问题，比如："约翰，您对这个项目中的哪些事情最关心呢？"或者，"为了确保您能从我们这里获得最优质的工作和服务，我们能做些什么呢？"

最终，在经过无数次没有结论的争辩后，约翰要求与凯莉单独面谈。项目经理兰迪（Randy）觉得自己受到了侮辱，他严厉地对约翰说："她没有任何权力。"

"兰迪，"约翰说，"你能不能告诉我如果我想成功地做成这个项目，最重要的目标是什么？"

兰迪有些结结巴巴了，他猜了两次也没猜中。

约翰解释说，凯莉知道答案是什么，她应该随时被告知情况的进展。他还解释说，凯莉能问对问题，而且她能专心听别人讲话，这说明她集中了注意力，而且她在乎约翰和他的开发团队的需求。结果就是，尽管凯莉缺少团队里其他成员的经验和专业知识，约翰还是相信她的看法。最终，这个项目在预算内如期完成，凯莉和约翰的关系也帮助她晋升到了高级工程师，这比她按正常发展速度晋升要快两倍。

承担艰巨任务

在现今这个快速变化的世界中，每个人都是忙碌的。然而，你应该知道，有时候你的同事可能需要完成一些在他看来很难，但在你看来却很容易的任务。他可能会觉得将报告存档或者完成在线新闻通讯是很难的事情。他可能很不愿意去参加某个会议，或者觉得某一种新软件很难使用。

更多地给予他人

当然，你现在需要一些技巧和知识来完成任何你志愿去做的事情。如果你在自己不具备相关资历的领域帮别人，那就是帮倒忙了。如果你有资历向别人提供帮助，那么在项目截止日期临近、大家都感到很有压力的时候，你尽力去帮助别人，就能巩固团队精神，以后你也会不断地从别人那里得到极大的回报。

不求回报

这就是我所说的"别无所求"。它包括不求任何回报地与下属或者同事接触。你就是和他们保持联系，看看他们都在做什么或者你有什么能帮到他们的地方。大多数人都是在碰到同事的时候，才意识到自己一直是求回报的。他们总是有自己的意图——无论他们别有企图，还是有其他别的目的——这才是会面的真实目的。

通过不求回报，你便给了自己一个贡献个人力量的机会。如果你求回报的话，你通常不太可能有这种机会。就算这看上去似乎如此，你一开始谈论自己计划想要从你的合作伙伴那里索取什么的时候，他很有可能会意识到你的意图。人们会很快地察觉出你是不是有所求。如果你自己能够摆脱向别人索取东西的角色束缚的话，那么你与他人之间的关系就能有新发展。你告诉对方你会倾听他们说话，给出自己的意见，并向他们提供支持——这次，你们之间的谈话是围绕对方进行的，而不是你自己。相应地，这种态度会鼓舞你的合作伙伴坦诚地对待你。于是在你们建立人际关系以来，他会首次愿意与你分享自己内心的恐惧或关心的事情。至少，他会就他关心的事情向你征求意见或者看法，而不是用所有时间来帮助你完成你认为有挑战的事情。

人缘儿——关系在成功中的作用

善用头脑，并发自内心地给予

每天你都有需要完成的任务。你很有可能完全沉浸在完成自己日程安排上的任务中，以至于尽力帮助别人这种事情往往就暂缓进行了。这种事情一般不会经常发生，因此我的客户们或将它们列入日程安排，或将它们写下来，这样他们在面对这些事情的时候就有方法可用。

你的意图可能是好的，但是在工作中帮助别人取得成功一般来说并不是你的首要任务。你可以给自己留个字条，保证自己这周要去一趟老板的办公室，问问他有什么你能帮忙的地方，或者你能更好地做哪些事情来让他过得更好一些。将这些事情列入日程安排是一种非正式的承诺，以保证你要按自己良好的意图去帮助别人做这些事情。

最后，记住帮助别人的最好办法并不总是最明显的付出。比如，当客户的公司正经历混乱的时候，如果你帮助他打起精神的话，这与给他的下一个订单打折相比，就算是帮了他大忙了。读懂别人，研究他们，倾听他们。好好学习人与人之间的互动，这样你便会渐渐地提高自己的洞察力，并通过不可思议的洞察力来获知如何帮助他人以及这么做的最佳时机。

再次强调一次，小小的付出会帮助你得到更多帮助别人的机会。如果你在跟供应商打电话，你觉察出他很急躁，不要对此置之不理。你可以问他："特里（Terry），你没事吧？你好像有些不对劲儿。"他听到这个问题后可能就会说："抱歉，这只是因为我们公司正在被收购，大家目前都很没有安全感而已。"倾听似乎是支持别人的再正常不过的反应了。但是你需要再进一步，在当天晚些时候或者第二天给他留言或者写封电子邮件,说:"特里,我在想咱们之前打过的电话。我很抱歉你需要在这个时候经历这个挑战。尽量打起精神,坚持住!"

正如我从自己接触过的那些以这种方式支持他人的人那里学到的那样,通常都是这种"超出预期"式的给予会带来好的结果。太多的商务人士们觉得这种情感上的支持对底线没有任何影响。然而,为别人提供情感上的支持是一种优秀的品质,它能帮助我们与他人建立起信任感、提高忠诚度,并建立长期的业务往来。

从建立起的人际关系网中获得最大的收益

人缘儿——关系在成功中的作用

　　由于我能与来自各行各业的客户接触并培训他们，你可能会认为我在工作中会大量地接触建筑行业的专业人士。他们中大多数人都是一些精神饱满的大个子硬汉。他们聪明，但是性格比较粗犷。不过，我曾经问过的一个问题震撼到了性格最强硬的经理："当你的职业生涯结束时，你希望别人会把你当成何种类型的领导来记住你呢？"

　　我会在"领导与管理发展项目"结束的时候问大家这个问题，大家对这个简单问题的回答超出了我的想象。他们的答案给我提供了洞见与智慧。

　　首先，不止一个项目参与者跟我说："我希望自己40岁前挣到100万美元；我希望别人记住我是这样的领导。"或者，"我希望大家记住我是一个聪明的领导，因为我可以通过毁坏别人的尊严来完成工作。"

　　大家的回答已经深深地震撼到了他们的同辈人。在他们站起来走到大家面前说这些话的那一时刻，甚至连他们自己都感到震惊。他们给出的答案还包括："当我的职业生涯结束的时候，我希望大家记住，我是那种将团队利益置于个人利益之上的人"，或者"我希望大家记住，我是重视每一个人的那种人"，或者"作为领导，我会给别人取得事业成功的机会，因为很多人也给了我这个机会"。

　　你有没有注意到这里的主旨？几乎每一个参与者都在业务开展前与别人谈论过人际关系。然而很不幸的是，大家说的和做的明显不一样。他们把业务进程置于人本身之上；他们把个人利益置于集体利益之上；他们把钱看得比人际关系要重。

　　从某种程度上讲，这是很好理解的。商场就是这样的，不是吗？策略、目标、洞察力、最终结果都是你需要实现的。你所要做的就是打赢这场仗，否则你就直接出局，因为这是一个弱肉强食的世界。我

从建立起的人际关系网中获得最大的收益

在多年的经商中明白了，要想获利，我需要维持正常运营。

不过，我想给你提供另外一个底线说法：如果你的公司是一辆赛车，跑道是商务世界的话，那么赛车内的引擎就代表了你建立的人际关系。也许你是赛车手，但你如果采取自动驾驶模式，你就会遇到麻烦。你需要调整赛车的引擎，明白它给你的车带来的价值，然后确保你始终在维护并改善赛车的性能。

现在，我想在本书结尾的时候（是的，为了幽默一把，我可是冒着暴露弱点以及被认为思想过时的风险的），再给你提几条建议，以激励你去努力建立能取得成果的人际关系，并帮助你发展自己的事业。激励是必需的，因为你很容易就会忘记从本书中所学到的东西，以及如何将这些技巧运用到你的生活当中去。在截止日期的压力下，或由于得意于已经取得的成就，你很可能会忽视那些至关重要的人际关系，并将首先要做的事情放到最后去做了。

与此同时，就算你受到了激励，建立起了强大的人际关系，你在这个过程中还是会遇到各种各样的困难。也许老板不愿在你认真倾听、认可他并与他坦诚相待后，也对你做同样的事情。也许你觉得自己无法如合作伙伴关系所要求的那样诚实地面对自己。那么一些有助于你发展的建议也许可以帮助你扫清上述这些障碍以及许许多多的别的障碍。

我还会提出一些常见的问题以及疑虑。这些问题都会随着你致力于建立起合作伙伴式的人际关系而慢慢出现——当人们试图将关键性人际关系提高到更高一层的高度时，这种问题和疑虑便会产生。

我可以先从一个表格开始，说服你相信并坚持投资你建立起来的人际关系。

人缘儿——关系在成功中的作用

提醒自己与人合作的原因

这么多年了,我与很多强大、有影响力的公司领导们都共过事。尽管他们性格迥异,但是那些取得了最大成就的人们都有一个共同的本领,那就是:他们很会建立人际关系。事实上,在一个企业里不仅处在领导层的人需要具备这种技能,每一个有潜力的人以及最成功的企业家都需要具备这种本领。他们所有人都至少有几个很重要的关系,这些关系都是靠诚信、有益的冲突、开放式沟通等因素维系和巩固的。

有些人会告诉你,如果你想在现在或者将来取得成功,你需要掌握技术本领。其他人会坚持认为,成功的关键是对你得到(和拒绝的)的工作做出精明的决定。还有人会认为,善于建立关系才是成功的关键。

虽然社交是我能给出的有关职业发展的建议中最传统的一条,大部分的社交活动都归结为搞定一屋子的人,然后拿到大家的名片。或者,你可以主动与他人聊天,还得是与各种各样的人进行交流。

这么做都没什么错。但是如果你还没有深入地了解别人,你就减少了自己培养那种能帮助你升职、获得认可并取得成功的人际关系的机会。社交就是在人际关系上进行一些小型、简单的投资。我想让你去进行一些更重要、更深层次的投资。如果你这样去做了,你就能期望获得极大的回报。细节详见表10.1。

当然,这只是投资与收益类型的样板。我在本书中已经描述了其他类型的投资和收益,不过这个表格还是简要记述了激励性的内容。你可以在为如何改善结果、制定战略的时候,或者在你想知道如何努力完成合作伙伴提出的需求的时候,与你的团队成员一起参考表格中的内容。

你可以这样想:不仅你一个人会从高水准的人际关系中获利,你

从建立起的人际关系网中获得最大的收益

的团队成员、公司其他部门以及公司都会从中获利。尽管我将关注点集中在个人的职业发展和有效收益上,我却可以向你保证,那些员工之间关系巩固的企业也能得到很好的最终结果。当大部分人在跟他们的同事合作共事的时候,企业会获得如下各种利益:

- ◆ 更高的员工信任度和忠诚度
- ◆ 更强的士气和积极性
- ◆ 对公司前景与使命的均衡理解
- ◆ 更好的招募与保留人才的结果
- ◆ 提高了吸收新顾客/客户的能力
- ◆ 拥有强大的人际交往能力的领导有更快的发展

表10.1 人际关系的投资与回报

人际关系投资		正面的回报
更高的自我意识,表露弱点承认错误的意愿	带来的结果是	老板和客户的尊重
将自己看作是对方的合作伙伴	带来的结果是	自信;来自同事和客户的尊重;更聪明、明确的决策
优秀的倾听技巧	带来的结果是	更能了解该如何满足他人的需求;更好的面谈技巧以及卓越的管理能力
对他人的认可	带来的结果是	提高团队成员的士气、忠诚度以及表现
能产生好结果的冲突	带来的结果是	信任那些期望你能提供诚实可靠的反馈信息的客户、同僚和老板

人缘儿——关系在成功中的作用

人际关系投资		正面的回报
对自己实话实说	带来的结果是	坦诚地进行自我评估以及持续不断的改进带来的升职机会

在工作中加强合作也能够帮助你消除疑虑、避免性格上的冲突以及其他许多会殃及企业的消极因素。而且，合作也能够培养出跨越传统界限的沟通能力和共同感（在不同的等级或者客户与供应商之间）。

我相信，上述内容会激励你建立并维系能取得好成果的人际关系。但是如果这还不够的话，那么我还可以告诉你另外一个你可能以前从来没有想过的原因。

一个靠人际关系驱动的世界

合作式的人际关系一直以来都是十分重要的，特别是在今天尤为如此。如果你能够与老板或客户建立起良好的关系，那么它可以对你受雇于或者在一个行业里存活下来起到很大作用。它可以帮你从干得不错提高到干得非常之棒。社会、经济、商业以及技术发展趋势都在加强信任坦诚的人际关系的重要性。为了帮助你理解各中奥妙，请思考一下这些方面的趋势，以及它们是如何影响人际关系的。

科技

我们史无前例地生活在一个虚拟的世界中。我们在网络上与别人进行交流，而不是面对面或依靠打电话进行交谈。由于我们在工作中乐于接受高科技的帮助，我们在未来会变得更加虚拟化。然而与此同时，商务人士们却已经厌倦了高科技式的互动。他们已经厌烦了

PowerPoint，并让电子邮件弄得有些不知所措了。

尽管在科技的帮助下我们不必面对面与别人做生意了，这种技术却产生了反效应。因此，由于没有了面对面的交流，人们慢慢地不愿意与别人合作投资、进行头脑风暴或是谈论重要的事情了。这没什么奇怪的。更重要的是，如果他们打算就重要的事情与别人进行虚拟方式的沟通，他们首先希望与对方建立起一种真实的人际关系。这就意味着，只有那些能够很快地建立起真正的合作伙伴式的人际关系的人们，才最有机会升职，或者把业务谈下来。在一个很难建立起信任感的电子世界里，只有这些人会赢得别人的信任。

在过去的5年里，我需要很多人来帮忙计算，究竟有多少员工会对自己老板感到不满，因为这些老板在与员工面谈的时候不断地摆弄自己的掌上电脑，这一举动把面谈给打乱了。这种特权感会消磨员工的士气、破坏信任感，神不知鬼不觉地就破坏了组织绩效。

但是，你也别把我的意思理解错了。我觉得电子邮件、手机还有黑莓手机（Blackberry）都是非常棒的发明。但是，这些发明的使用说明上又在哪里说明了该如何得体专业地使用它们呢？

由于这种技术缺少人情味，人们慢慢开始需要牢固的人际关系了。事实上，下面这首颂歌就表达了这个意思：

人际关系建立起信任感，技术做不到。
人际关系改善工作表现，技术也做不到。
人际关系提高利润，技术同样做不到。

人缘儿——关系在成功中的作用

全球多样化人口

如果我们要与背景、信念还有文化传统都与我们不一样的人成功地共事，那么建立起巩固的合作伙伴式的人际关系就非常重要。在过去，我们可以根据同样的标准，与供应商、顾客还有同事很好地合作。我们那时都来自同样的教育系统，接受过同样的培训，工作方式也都差不多。

现在，在职场上最重要的人也许在地球的另一端。如果你不知道如何锻造透明、感同身受的人际关系的话，你很有可能会在和工作习惯与你截然不同的人共事的时候感到很纠结。同样重要的是，工作的全球化意味着你与老板、顾客或者下属进行面对面交流的时间减少了。技术是一对一交流方式的可怜替代品。然而，好的替代品能够建立并维系一段人际关系。在这段关系中信任感是绝对的，坦诚是他人给予的。如果你有机会的话，你应当为他人带来积极、互惠互利的影响。

快速深远的变化

牢固、稳定的人际关系在动荡时期就是人们可以依靠的港湾。你的工作还有你所在的企业的性质也能会发生彻底的改变。但是，如果你与人合作，你总能找到可以帮助并值得你依赖的人，反之亦然。并购、收购、减员、重组、大的人员流动、工作变更等等都能让你感到不确定以及毫无安全感可言。此时，你需要有人能给你提出建议，给你支持，为你提供资源，并能听你倾诉。

表面上拉关系的人在变革时期会举步艰难。他们可能会认识所有人，但是他们跟大家都不很熟。结果，一旦他们的公司经历了剧变，他们实质上就落单了。由于他们与自己的老板没有那种合作式的关系，他们不仅会发现自己的工作岌岌可危，还会觉得自己遭到孤立了。

相反，如果你坚持努力建立合作伙伴式的人际关系，无论发生什么事情，你都会生存下来并有所发展。如果你丢掉饭碗，也会有人能够竭尽全力去帮助你另谋高就。如果你失去一个顾客，别的客户会走上前来将你引见给更好的顾客。如果由于你所在的公司或者行业经历了所有的变化，你的职业生涯面临选择了，你身边会有个值得你信赖并尊重的人，这个人会帮助你理清下一步该做什么。

解决困难：如何维系良好的人际关系

从你建立起人际关系的那一刻起，这一路走来总会有一些磕磕绊绊。当你在与人打交道的时候，任何事情都有可能发生。如果你是一个资历老的专业人士，你知道自己还有很多不知道的事情，只有在你经历过了才能明白这些事情。

有人可能会觉得自己与老板的关系还不错，可是一星期之后他却失业了。你可能会觉得你跟客户想到一起去了，可是随后你却发现自己与对方在理念上有着很明显的差异。简言之，虽然你听取了本书所给的意见，但是事情并没有像你想象的那样奏效。

不要被人际关系中出现的各种障碍所吓倒。障碍是会出现的。事实上，它会出现在任何一种关爱式、富有同情心的人际关系中。当你能够做到对对方坦诚，你就不怕暴露自己的弱点。你可能会说一些或者听到一些会带来问题的话。

人缘儿——关系在成功中的作用

好消息是,这些问题一般来说可以解决,关键是看你能不能时刻警惕这些问题,并且在问题产生的时候是否知道该如何解决它们。为了帮助实现这一目标,下面我要告诉你一个能够帮助你解决问题的指导方针——以问答的形式——它能够帮助你解决一些常见的人际关系方面的问题:

问: 我本以为自己已经成功地与老板建立起一种诚实、坦率的关系,我们已经可以做到彼此坦诚并向对方暴露自己的弱点了,但是我们似乎没有什么进一步的发展。我该怎么办呢?

答: 首先,坦诚面对自己的行为。你是不是对自己的老板有点儿逼得太紧了?有些人需要花更多的时间,积累与别人合作的经验,然后他们才会打开自己的心扉或更加信任对方。第二,思考一下你的老板在这段关系中需要什么,你有没有满足他的这些需求。也许他希望你会是一名更好的倾听者。或许,如果他跟你谈一谈自己职业生涯中一些令人沮丧的事情,他会收获不小。你一旦发现了他究竟需要什么,你很有可能会帮助你们的关系更近一步,而不是停滞在现在的状况中。

问: 虽然我已经很努力了,但是我还是无法令我们公司里的人像你描述过的合作伙伴应该给出的反应那样对我有同样的反应。也许这与我们公司的企业文化有关,但是人们似乎不太愿意向别人透露自己害怕的事情,或者让自己牵扯进有益的冲突中去。我该做些什么来改变这个现状呢?

答: 就算你们公司的企业文化表现出很强的政治性,它不鼓励大家进行开诚布公的谈话,你还是应该去找到能够接受合作的人。如果你觉得老板不太情愿,那么你就去找你老板的老板或其他团队或部门里的有影响力的人,或者干脆就将你的注意力转移到顾客或者客户身

从建立起的人际关系网中获得最大的收益

上。别让自己局限于一种或两种可能性上。如果你们公司有1,000名员工，很有可能其中会有一部分人重视深入、互惠互利的业务关系。平级管理关系以及外部人际关系跟那些涉及上下管理的人际关系是同样重要的。

问： 我与自己公司内的人建立起合作伙伴式的人际关系没问题，但是我觉得要想与我的客户们建立起这种坦诚、能达成共鸣的人际关系就没有那么容易了。我应该针对这些"外人"改变策略么？

答： 我提供的方法应该适用于所有人，无论他们在哪里工作。这样看来，如果你多多研究并观察他人，你就能更准确地应用这些方法。你也许会花更多的时间与你的客户建立起这种合作伙伴式的关系，这很有可能是因为你平时不是总能看到他，这毕竟不同于那些跟你在同一楼层上班的同事们。因此，这就意味着你需要花更多的功夫去与这个人进行沟通——多与他一起吃午饭，尽量多多碰面。如果你们都出席了同一个展销会，那就多跟他聚聚。坚持多接触，对任何一种合作伙伴式的人际关系来说都是至关重要的。

问： 我跟我的导师关系很好，他是我们公司的一名高层管理者。他对我的职业发展给予了很多的帮助，但是我们的关系仍旧反映出我们在公司里的不同地位。他总是给我建议，我总是那个听话的人。他总是抱怨，我总是那个认真倾听他抱怨的人。我该怎样做才能使得我们的关系变得更平等一些呢？

答： 坦诚面对你的合作伙伴，感谢他对你的职业发展所提供的帮助。但是要清楚地向他表明，你感觉你们之间的关系在某些方面变得有些单方面了。你希望与他一起改变这一现状，以便将你们的关系改善成真正意义上的合作伙伴式的关系。你可以开篇时先对他说："鲍

217

人缘儿——关系在成功中的作用

勃（Bob），我能坦诚地跟你说个事情吗？"他很有可能不知道你有这种想法。如果你能够真诚、不带指责地向他传递你的想法，他会重新审视他对你的态度。

问：我跟公司里的一个人合作。尽管我们遵循了你建议的这些方法，我们的关系还是无法开花结果。我们之间发生了有益的冲突，我们也能很好地互相倾听对方讲话，但是我们的工作产出仍旧像以前一样。我们究竟哪里出错了呢？

答：你们可以试试几件事情。首先，你也许需要再多花点时间等待你们的关系有所产出。人际关系发展的效果都是以递增方式展现出来的——这是一个逐渐发展的过程。人们在这个过程中会逐步学会如何更加信任别人，更好地与别人沟通，以及给予别人更多的支持。你也许在几个星期甚至几个月内都看不到任何效果，但是你一定要有耐心。第二，你可以找一些新鲜、有挑战性的项目来做。有时候，你需要通过一些能帮助你发展的任务，来调动起一段合作式人际关系的全部力量。第三，向你的合作伙伴寻求帮助，并鼓励他反过来向你寻求帮助。你们需要就各自的需求与对方坦诚相待，你们的请求会促进对方的行动，这样才会产生积极的结果。让你的行为将你领到这个发展方向上去吧。

问：当我按照你的提议去做的时候，我觉得特别尴尬而且感到很没有效果。我在琢磨自己有没有有效地进行有益冲突，或者我做的一切都产生了反作用。我曾经试图大胆地向别人暴露自己的缺点，但是我怀疑自己没有很好地向别人表达自己害怕的事情都是什么。有没有什么办法能帮助我改善自己做的这些事情呢？

答：从别人那里获得他们的反馈信息——这是帮助你改善合作关系

技能的最佳策略。当然，你应该问问你的合作伙伴，听听他是如何看待你使用的这些技巧的。你还需要从那些每天与你共事的人那里获得他们的反馈信息。你是不是能很认真地倾听别人？你有没有挣脱自己不愿意与人产生冲突的想法呢？如果你能坚持从别人那里获得有建设性的反馈信息的话，这些信息便能帮你改善建立合作式人际关系的技巧。

*问：*我觉得我与自己的老板和客户建立起了很好的合作伙伴式的人际关系，但是我害怕与公司里的头头脑脑们建立这种人际关系。我深信他们会觉得我做事太直接，或者觉得我企图把他们当做与我平级的人来对待，而事实上他们在公司的等级要远远高于我。我该怎么做，才能帮助自己克服这种恐惧心理呢？

*答：*你脑中那个玩世不恭的人就是你最大的质问者。你应该马上对自己进行积极的自我谈话。我曾经培训过许多高级副总裁，他们都需要在与公司总裁进行沟通这一方面进行一下这个小练习，他们中很少有人能免于这种向上关系对他们的挑战。你需要多多挖掘他们的核心价值观、他们的需求、他们害怕的事情、他们在工作中以及工作之余都有哪些兴趣。这也许是一些无足轻重的小事情，比如在共事8年后，你才发现你们的爷爷都曾经在第二次世界大战中打过仗。如果你能够在你们之间找到类似这种联系，并养成这么做的习惯，你们总会找到双方的共同点。这种共同点就是切入点。它能促进你们发展一段合作伙伴式的人际关系。从业务层面讲，这很可能会帮助你问出类似下面这种很直接的问题："您能给我一点建议，帮助我在接下来的6到12个月内将工作表现上升一个高度吗？"你会感到很惊讶，因为很少有人会问这样的问题。

人缘儿——关系在成功中的作用

不要对在商业来往中建立起来的人际关系设限

如果你建立起更多的像我描述过的那种人际关系的话，你就会取得更多的成果。这是一个数字游戏。如果钱从根本上能激励你，那么它能够帮助你增加银行账户里的存款数额。

尽管从逻辑上来说，你的第一个合作伙伴是你的老板或者你的顾客，然而你却可以与任何同事建立起此类关系。你也许会与你在客户公司里合作的两三个人建立起牢固的关系。你也许不仅会与你的老板也会与你的重要属下或者团队中的一员建立起密切的关系。你也许还会与你的导师建立起更平等的关系，或者与经常与你合作的供应商建立起这种关系。

从实际的角度讲，你花在人际关系上的时间和精力是有限的。如果你能与收发室的姑娘还有你们公司的 CEO 分别建立起关系，这当然很好，但这种情况并不总会发生。你与收发室的姑娘的工作关系不会很紧密。如果你在一家很大的公司任职，而你又不是管理层的人，你也许并不会有很多（或任何）与 CEO 接触的机会。同样，别人也许没有那么多的时间、精力或者意向与你建立起有效的人际关系。

你应该对你面前的所有人际关系抱有虚心接受的态度。不要因为某人在企业里的地位太高或者太低就将他排除出去。经理们发现，如果自己可以与下属建立起合作伙伴式的人际关系，便可以帮助他们提高企业的生产效率——如果大家都愿意处理好冲突，并能倾听别人说话，会议开起来会更加顺利有效。没有人会觉得向别人建议有风险的创造性想法或者问一些傻问题是尴尬的。人们总是会坦承自己害怕和关心的事情。但是，当他们有别的动机的时候，他们就会避免一些行为的发生。

你还要意识到,自己也许会与那些看上去很固执、咄咄逼人、保守或难对付的人建立起合作伙伴式的人际关系。我们会惊讶于自己评判同事并按性格将他们进行分类的速度是如此地快。很多时候,我们都没有花时间或者精力去认识他们,跨过他们表面上给人的感觉。当你在与那些要求很高、为人挑剔或者脾气很坏、有影响力的人打交道的时候,这点就尤为真实。简言之,他们很吓人。你无法想象他们会乐意认真倾听你要说的话,更别提与你产生共鸣了。但是,如果你努力地去了解别人并让他们也了解你,他们通常会让你大吃一惊。一旦你能够透过你老板粗暴的外表去深入地了解他,你可能会发现他其实正在工作中寻找(有意识或者无意识地)自己能够倾诉的对象,而且当他说了错话的时候,这个人也愿意挑战他的权威。

互惠原则:互惠的重要性

我已经强调过了你需要为建立起合作伙伴式的人际关系做什么,但是你付出的精力应得到回报。你可能会站在合作伙伴的角度对每件事都做得很棒,但是你仍旧无法建立起能够产生好结果的人际关系。这是因为对方拒绝回报你的付出,或者他对你的回报不够频繁,抑或只是以某些方式而已——作为你倾听、产生共鸣、给出创造性想法以及参与能产生好结果的冲突的回报,你的老板会有规律地给你加薪,然后给你数额丰厚的奖金。这是不平等的互惠。

很显然,如果别人拒绝回报你的付出,你也没别的办法。但是当你在一段关系中前进的时候,记住互惠这一原则还是有必要的。你

人缘儿——关系在成功中的作用

要记住，互惠代表了公平而不是一种非常平等的交换。一方面，你的老板可以给你一些东西因为他是老板，但是你却不能给他什么。你的客户能给你提供帮助，但是你却很有可能无法给他任何回报。另一方面，你也许可以给他们提供其他的东西，这也许恰恰是他们无法提供的。你也许会在他们经历危机的时候向他们提供情感上的支持，而他们可能会为你提供额外的资源，帮助你完成任务。这就是互惠，尽管你们之间互相回馈的东西可能不是完全一样的。

为了帮助你在脑海中巩固住互惠这一概念，下面我要跟你讲讲迈克尔·维奥特的故事，他在1995年的时候开始担任罗伯特·莫里斯学院的校长。他出色的成就包括300%的入学增长率、新添的5个校园以及一所研究生院，并与34个运动队开展校际间的体育项目。尽管迈克尔是一名出色的愿景式领导，他并不是单枪匹马地获得这些成就的。相反，他依靠了自己与他人建立起来的互惠互利的关系。

马布尔妮·克鲁格（Mablene Krueger）和南希·罗图诺（Nancy Rotunno）就是这样的人。马布尔妮在1980年开始在罗伯特·莫里斯任教，并在去年成为了学校的教务长。在这些年里，她与迈克尔工作密切，并帮助他发展及实施了他的设想。作为回报，她肩负重任，并且从与迈克尔的合作中得到了更直接的利益。正如她所说："迈克尔从一开始就对我表示了信任，并且他总能百分之百地与我分享所有的重要信息，这让我很容易就能相信他的设想和领导能力。"

南希在1982年加入这所学校的时候还是一名辅导老师，而她现在是学校烹饪学院的执行理事。这个学院的设立乃是迈克尔为学校制定的发展战略的关键部分。南希一直与他一起实施这项策略，并为此抱有极大的热情。她是这样评价迈克尔的："他总是建设性地提出批评。他允许我犯错误。他对我的信任马上帮我树立起自信心，并帮我扫清了通往成功道路上的障碍。"

迈克自己也将互惠互利看作是他与马布尔妮、南希以及其他下属建立起能取得成果的人际关系的关键。他用"教育出来的忠诚度"这个词来总结他的信念，那就是人们不应该盲目地追随领导，而是应该抓住企业愿景，并愿意在此基础上努力工作来实现它。

"我们之间的关系之所以这么互惠互利，是因为忠诚的存在。即使遇到逆境，我们彼此都能站在对方这一边。这样大家都会百分之百地承担自己的责任。"这是对互惠互利最实在的定义了。你可以将这个概念用在你自己建立起的人际关系当中去。

> 无论男女，单独一人要做
> 很多事情；但是两人一起便可成就更多。

你希望自己以后能留下什么？你希望在你的职业生涯中取得什么样的成就？

无论你怎么回答这两个问题，建立更好的人际关系一定会出现在答案中。

我们经常会以第一人称单数来思考我们的工作目标："这是我想做的。这就是我的目标。"而实际上，你自己一个人完成不了这些。几年后当你回顾自己的职业发展以及你在工作上取得的成就的时候，你会发现人际关系在你取得的成就中起了多么不同的关键性作用。你的成功直接联系到你是否能成功地建立起合作伙伴式的人际关系。

如果你不想只看信念的作用，那么就仔细思考一下你在职业生涯

人缘儿——关系在成功中的作用

中取得的某一个成就吧。或许你得到了晋升，或许你成功地完成了一项拓展性任务。无论你决定了什么样的任务或者职业里程碑，你都可以自问一下下面的这几个问题：

◆ 如果没有来自他人的帮助，我还会取得已经取得的成就吗？

◆ 一路下来，有没有人向我提供了一条关键性信息或者一个好主意来帮助我实现我的目标？

◆ 我有没有从他人那里得到情感上的支持，这最后帮助我度过了挑战性的时期？

◆ 如果没有人为我挺身而出并坚信我能行的话，我还会有机会取得今天的成就吗？

◆ 我有没有与一个或者多个人合作来实现目标？他们有没有为我提供了我自己缺少的知识和技能？

如果你只有典型的业务关系——大部分关系都是那种旨在完成任务的非正式联系——那么，你会收获一些成果。但是，如果你重视并按照我在本书中描述过的那些方法来培养你的业务关系，你在自己的职业生涯中会非常具有竞争性的优势。你会发现当自己出错的时候，会有人站出来支持你。你会发现客户们都想跟你做生意。高管们都想让你成为他们团队中的一分子。人们会把业务介绍给你。你会得到你想要的升职机会，还有你梦寐以求的工作机会。

换言之，你建立的人际关系将会取得极好的成果。

但这并不仅仅涉及你一个人，合作式的人际关系能为双方都带来好处。因此，你不仅从自己取得的成就中获得了满足感与意义，你也可以从你的合作伙伴取得的成果那里得到这些东西。在你的职业生涯中，你会帮助那些你在乎的人，使他们得到梦寐以求的工作并做出从调离到退休的各种决定。你会一直帮助他们，正如他们也会一直帮助你一样。

我们常会听到很多人抱怨，认为今天的职场毫无忠诚度可言；员工的不满还有客户的投诉节节攀升；良好的同事关系不存在；工作毫无乐趣可言。很不幸的是，很多这些说法确实是真的，并且是有数据支持的。但我还是会继续支持他人、帮助他人，并与他人并肩作战。我有幸能够与一些非常聪明、成功的商务人士们共事。他们知道无论自己的职位是什么或者他们所处的行业是什么，他们首先都要进行人际交往。我希望你也能够有同感，并采取必要有效的措施从人际关系中取得好的结果。

> 当我们试图发现别人最好的一面的时候，我们不知为何却能将我们自己最好的一面展现出来。
>
> ——威廉·阿瑟·沃德（William Arthur Ward）